USUDA Shoji

■

SOUTEI / Japanese Contemporary Book Design

美学叢書

02

現代装幀

臼田捷治

美学出版

装画　矢吹申彦

現代装幀●目次

I

装幀を愛《め》でる

装幀の愉悦

――戦後デザイン史を振り返る

古書を探索する喜びのひとつに、いわゆる「美しい本」との出会いがあるといってよいであろう。内容にふさわしい美しい装幀によって装われた本を手にしたときのたのしみは、何者にもかえがたい。

函やカバーの用紙の材質がそなえる手触り、見返しのハッとするような色調、ページを繰るときのかすかな紙すれの音、ほのかにかぎとれるインキの匂い。本に固有の感触と物性は五感を刺激してやまない。ときには、「花ぎれ」（背の内側上下に貼る布）のような極小世界の色模様の選択にも、装幀者の息遣いが聞きとれるときの新鮮な驚き。また、タイトルとか扉、目次の活字の精妙な配置、そして本文の美しい活字の流れ。その本文にさらに立ち入れば、活字の書体とサイズ、一行の字数、行間、紙面のなかでの余白の取り方などに配慮が行き届き、奥付にいたるまでのすべての要素が、交響楽の流れる旋律のようにみごとに調和していることを確認したときの喜び……。

このような至福感は、外函やカバー、帯をはずされ、どことなく寒ざむしい印象を与える図書館の架蔵本や、簡便さだけがとりえのような文庫本では味わえない醍醐味である。

ましてや「もの」としてのたしかな手ごたえを感じとれない電子出版では、はじめから無理な注文というべきであろう。

しかも、古書には新刊にはない時間性が折り畳まれている。書物はその時どきの文化を背景に生み出されるものであるが、古書は当時の「時間」を刻印しているとともに、その当時から現在までの不可逆的な時の推移を塗り込めている。つまり、古書には二重の時間性があるということである。表層的には、時代をさかのぼるほど「黒っぽい本」とか、逆に近年のものほど「白っぽい本」と、古書業界の人が本の経年を呼び慣わしているのがそれに相当するだろう。古書に親しんでいると、そうした厚みを欠く新刊ののっぺりとした表情に物足りなさを感じてしまうほどだ。

古書はまた、空間性をとおして時代の相貌が浮き彫りにされる。本はたしかに知の独立した王国を築いているけれど、前述したように、時代の文化状況に後押しされて刊行されたものであり、それを三次元のかたちをもつ器として立ち上げるには、印刷や製本の技術を借りなければならない。逆の立場からいうと、時代の文化と技術の枠組みがその書物を誕生させたともいえなくもないだろう。本のタイトルにくわえて、その本の装幀のたたずまいから、おおよその刊行年が推し量れるのはそのためである。

たとえば外函であるが、かつては当り前であったものがコストの上昇とともに減りはじめ、バブル期の印刷製本現場の人手不足と後継者難がとどめを刺してしまった。現在では、事典類とか大型本、純文学書など、ごく限られた用途にしか函は使われていない。瀟洒ないわゆるフランス装も、やはりコスト高を理由にめっきり減ってしまった。

函にも意匠をほどこす（化粧函）のは日本だけの現象だとして、その装飾過多を批判した識者もかつてはいたけれど、函が本の破損や汚れを防ぐ機能は無視できないし、函から本を取り出すというワンクッションを経ることが、読書に入るプロセスにおけるいわば通過儀礼として、愉悦を感じる人が少なくないのではなかろうか。いわんや、ページ数の多い分厚い本とかＢ５判以上の大きめの本に函がないと、コートなしで寒風吹きすさぶ路上に飛び出したときのような覚束なさに陥る。

もうひとつ、変型判もコストの問題や書店の棚に置きにくいといった事情がからんで、めっきり少なくなった例のひとつだろう。

戦後の詩集出版に一時代を築き、装幀にも独自の工夫を重ねた伊達得夫（書肆ユリイカ）が刊行した本に変型判が多いのは、戦後の用紙不足をかいくぐって入手した紙に合わせて伊達が体裁を決めたからではないかと、長谷川郁夫が『われ発見せり』（書肆山田）のなかで書いているのを、私は興味深く読んだことがあるが、たしかに戦後から六〇～七〇年代のほうが、本の判型はいまよりはるかに多様性に富んでいた。

瀧口修造の現代美術論集『余白に書く』（みすず書房、六六年）はそんな変型本の魅力を体現した本のひとつであろう。Ｂ５判縦半截の判型に、余白をたっぷり生かした本文体裁。現在ではとうてい実現しそうもない、真の意味でのぜいたくな本づくりだ。瀧口のこだわりと、とぎすまされた神経がいかんなく発揮されている。

バブル崩壊の余波もあるのだろう、本格的な豪華本も少なくなった。かつて戦後のブックデザインに広やかな視野を切り開いたグラフィックデザイナー原弘が得意とした、木綿などを使った「帙《ちつ》」や「たとう」入りの重厚な特装本がすっかり影をひそめた。こうした和装本の伝統を継承する職人も後継者不足に悩んでいる。

ついでながら、本の立体性とは直接関係しないものの、現在のようにISBNコードやバーコードが書物を堂々と「侵犯」するようになると、装幀者の本の表面処理に、というよりも、それ以上に空間感覚に微妙な影を投げかけているのではなかろうか。とくに不粋なバーコードのもつ「異物」感は深刻だし、その扱いの難しさは容易に想像がつく。書物はスナック菓子とは違うのだという装幀者の悲鳴が聞こえてくるようだ。

それにひきかえ、七十年代ごろまでの本のなんとシンプルなことだろう。不純物のない、結晶度の高い鉱石を見ているようである。定価にも、もちろん消費税表示などの余計なものはついていなかった。

このように書物の空間性も、時代のもろもろの制約を受けながら、時間の推移とともに変容を迫られてきた。空間性をとおして戦後の装幀を振り返ることも、古書をひもとくたのしみのひとつに加えたいものだ。

さて、かつて新刊として刊行されたときに、すぐれた装幀本として注目しながら、高価ゆえに購入をあきらめざるをえなかった豪華本や限定本のたぐいでも、あるいは、当時はその装幀の価値を見出せずに見逃していた本でも、古書店や古書市を活用することで入手がたやすくなる。往年の豪華本もかなりのプライスダウンが実現されているし、見逃した本ほど、その後の評価の変動で大幅に値上がりしてしまっていることが多いとはいえ、おおむねリーズナブルな価格で入手できる。

たとえば私はこの数年間に、かつては高嶺の花で、とうてい無理だとあきらめ切っていた石元泰博撮影『伝真言院両界曼荼羅』(平凡社、七六年)やロジェ・カイヨワ、森田子龍共著の『印』(座右宝刊行会、七九年)を古書市や古書店の目録販売をとおして入手できた。買いそびれていた松岡正剛ほか編の『全宇宙誌』(工作舎、七九年)も、行きつけの古書店主に探してもらうようにお願いしておいたが、数カ月後に入荷したという吉報をもらったものであった。いずれもわたしが尊敬するグラフィックデザイナー杉浦康平の記念碑的なブックデザインである。こういうときほど古書市場の存在をありがたいと感じることはない。

もちろんこの世には例外というものがつきものである。二年ほど前のことであるが、全ページ観音開きという、やはり杉浦による特異なブックデザインでまとめられた川田喜久治の写真集『地図』(美術出版社、六五年)がある古書市の目録に載った。その価格は、川田のサイン入りとはいえ、なんと旧定価の七十五倍(!)にもはね上がっていたのだった。戦後のブックデザイン史を語るうえで欠かすことのできない書物のひとつということもあって、私は結局なけなしの金をはたかざるをえなかったのであるが……。

戦後の出版史を振り返るとき、目を引くひとつの顕著な現象として、本づくりにデザイナーが参加する比率が大幅に増加したことがあげられよう。一九六〇年代半ばより深まったこの傾向は、本の外装はむろんのこと、ときには、本の内部、具体的には扉から目次、本文組、さらに奥付にいたるまで、ひとりのデザイナーの個的な美意識によって立ち上がることになったということである。本文組の体裁にまで本格的にデザイナーの手が及ぶということは、戦前にはまれなことであった。恩地孝四郎が主宰した雑誌『書窓』の、恩地本人による美しい本文組は知られるが、書籍ではデザイナーが問題意識をもって本文組にまで参画した例はほとんどなかったといってよいであろう。

デザイナーがこのようにブックデザインに深くかかわるようになったことで、本自体のたたずまいも大きな変化を見せた。本づくりにデザイナーが参加することが当然となり、そうでない本のほうが稀少になった結果、本の表層にあらわれるデザイン性がよりあらわになった。ブックデザインあるいは装幀のよし悪しが本の売れ行きを左右するといわれるようにさえなるのである。スター的存在の装幀家の登場も時代の必然であろう。

デザイナーの仕事ではないけれど、村上春樹が自ら装幀した小説『ノルウェイの森』（講談社、八七年）が、真紅（上巻）と濃緑（下巻）のカバー、それに増刷時には金色の帯という、いわゆるクリスマス・カラーの効果的な演出によりベストセラーとなり、「装幀の勝利」とまで喧伝されたことは記憶に新しい。もとよりベストセラーとなったのは小説自体の魅力も大きくあずかっており、すべてを装幀のせいにするつもりはないけれど、少なくとも世

杉浦康平アートディレクション：松岡正剛ほか編『全宇宙誌』工作舎1979年
（本文ページ構成は70頁写真参照）

村上春樹自装：『ノルウェイの森』上・下巻　講談社　1987年

和田誠装幀：丸谷才一『樹影譚』文藝春秋　1988年

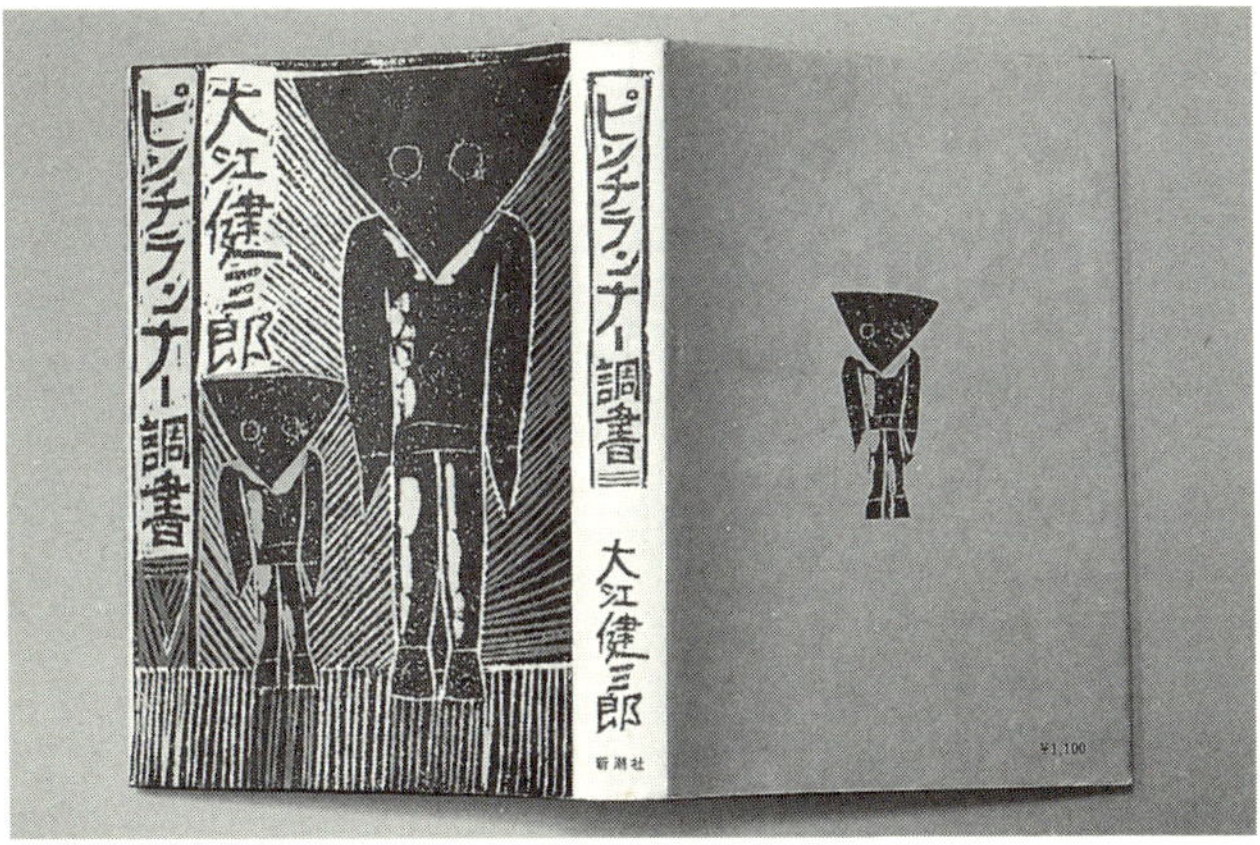

司修装幀：大江健三郎『ピンチランナー調書』新潮社　1976年

の中の装幀への関心の高さを証しだてていることはたしかである。
著者も装幀やブックデザインを重視する方向にある。丸谷才一がほとんどを、氏が「現代の竹久夢二」と評するイラストレーターの和田誠に、大江健三郎が画家の司修にゆだねているのは、その代表的な例である。

次にここで、戦後の装幀もしくはブックデザインの歩みを概観してみよう（なお、ここでは外函やカバー、表紙など本の外装のみを手がける仕事を「装幀」、本文から外装までのすべてにわたって一貫した構造的な視覚化をはかる取り組みを「ブックデザイン」とし、ふたつを区別して説明を進めたい）。

敗戦によって容易に癒えがたい傷を負った日本であるけれど、出版界は、まさにあとさき構わず突進する武者たちの足跡のように、一気に復興の道筋をつけてしまった。ちなみに、終戦時の残存出版社が約三百社だといわれるのに対して、終戦年の四五年末には早くも八百九十六社を数え、翌四六年末にはなんと四千社に達したという統計が残っている。極端にいうと、かつては机ひとつと企画勝負で開業できるといわれたこの業界の、小回りのきく体質を象徴するような数字である。

終戦直後の装幀家の動向を見てみると、戦前から活躍していた人たちが以前と変わらぬ活躍を見せている。その主だった顔触れは、版画家の恩地孝四郎、武井武雄、川上澄生、棟方志功、装幀家の青山二郎、染織家の芹澤銈介、画家の小穴隆一、初山滋、中川一政、

恩地孝四郎装幀：太宰治『パンドラの匣』
河北新報社　1946年

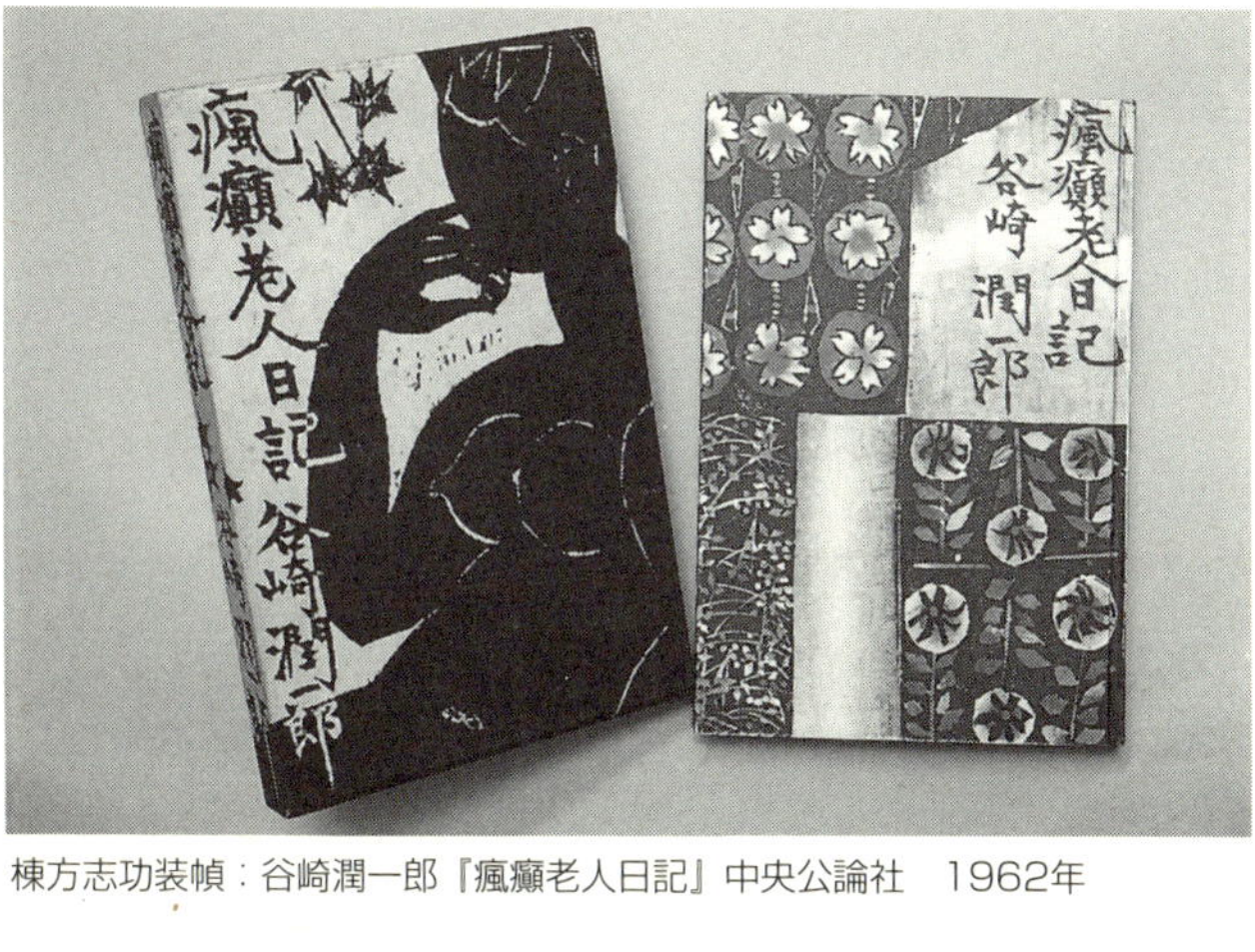

棟方志功装幀：谷崎潤一郎『瘋癲老人日記』中央公論社　1962年

木村荘八、佐野繁次郎、演出・劇作家の村山知義らである。このなかでは、装幀でも大正期からすぐれた仕事を残してきた恩地が、四九年に博報堂主宰で設立された「装幀相談所」の中核メンバーとなり、装幀の復旧と進展に指導者的な活動をいちはやく再開したことが注目されよう。ついで五二年には『本の美術』（誠文堂新光社）を著し、作品写真と文章で三十年にわたる仕事を総括している。

なお、最後にあげた画家では、このほかにも多くの人たちが装幀に携わっている。画壇の有名作家では東郷青児、岡鹿之助、鈴木信太郎、熊谷守一、三岸節子、野口彌太郎らである。ただ、画家に依頼さえすればなんとか納まりがつくという、画家の人気におんぶした出版社側の安易な発想が少なくなかった。事実、画壇の大御所の絵をとってつけたように使うだけの装幀がほとんどで、装幀の可能性を押し広げるような事例が見られないのは惜しまれる。

現在は、専門の装幀家がふえ、版画家などの一部の例外を除いて、専業画家が装幀を手がけるケースは壊滅に近い状態なのはさびしい限りである。いま画家の作品が使われている場合も、あくまで装幀家主導で選ばれた結果である。逆にいえば、それだけ装幀の世界の専門化と細分化が進んでしまったということであろう。しかし私は、装幀のプロの仕事を評価する一方で、著者自身はもとより、もっといろんなジャンルのアーティストが装幀に参加することがベターだと思っている。装幀手法の硬直化を防ぐには、開かれた多様なアプローチが存在することが望ましいと願うからである（著者自身を含めた装幀への取り組みの重要性については、改めて触れてみたい）。

ともかく先にあげた人たちは、いうならば旧世代に属している。その手法も戦前からの延長線上にあって、廃墟から蘇生した日本が新たな再生に立ち向かおうとする変革への夢を体現しえたかというと、少なからぬ疑問が残るのである。年齢的にも全盛期を過ぎていたというと酷かもしれないが、しかし最大の功労者、恩地は五五年に没している。

戦後という新しい時代にふさわしい方法論を提示したのは、すでに触れた原弘であった。原は一九〇三年生まれですでに壮年期にあり、戦前からデザイナーとして実績を重ねていたが、装幀を本格的に手がけるのは戦後からで、西欧の最新のモダニズム思潮の摂取にたって、普遍性をそなえた開かれた手法を示したところに意義があった。恩地の著書名『本の美術』に暗示されるように、恩地が装幀に対して、どちらかというと美術サイドから審美的なアプローチをとったのに対して、原はデザイン・プロパーの立場から装幀をとらえようとした。いうならば、装幀における美術からデザインへの転換の先導役を原は果たしたことになる。後続世代のデザイナーに決定的な影響を与えたのもうなずかれるところである。

原のデザイン的な手法を特徴づけるのは「タイポグラフィ」の視点である。タイポグラフィとはもともとヨーロッパの金属活字印刷時代に生まれた概念であるが、活字を基本にすえて、その書体の変化やサイズの大小、くわうるに罫《けい》線や「約物《やくもの》」と呼ばれる文章に付随する記号活字の構成によってデザインを展開することをいう。原は欧米のタイポグラフィによるアヴァンギャルドな手法を十全に咀嚼しながら、それを日本の装幀にたくみに取り入れることで豊かな達成を残した。

平凡社の『世界大百科事典』（林達夫編、五五年）や各種全集の大型企画をはじめ、河出書房新社のヒット企画『世界文学全集』（グリーン版、五九年）、川端康成ほか編『ノーベル賞文学全集』（主婦の友社、七二年）など、その仕事はおびただしい数にのぼる。先に述べた特装本では、人間国宝の陶芸家、荒川豊蔵の作品集『志野』（朝日新聞社、六七年）、谷口順三著『円空』（求龍堂、七三年）などの話題作がずらりと並ぶ。

原の装幀デザインの特徴をひとことでいえば、ごく初期の仕事と特装本を除いて、書名や著者名、出版社名の表示に活字主体の、タイポグラフィカルな構成をとっていることだろう。恩地らの従来の手法が外装にレタリング（書き文字）や筆文字を使っていたのとは大きな違いである。二十世紀を象徴する表現分野として躍進著しい写真を積極的に使うようにした点でも、原は先駆的な存在であった。筆文字のような個人的な「芸」に依存する手法に変わって、活字と写真という、機械時代と大量複製時代にふさわしい素材を装幀に取り込んだところに、原の新しさがある。

原が新たな方法論を差し示していたほぼ同時期に、やはり旧来の手法がまとっていた「淀み」あるいは「おり」のようなものを洗い流したのが、詩人と詩集出版に携わった編集者であった。彼らは原のような装幀のプロ的存在ではなかったけれど、それゆえにこそと

原弘装幀：「世界文学全集（グリーン版）3／スタンダール『赤と黒』」
河出書房新社　1961年

いうべきか、詩的直感と透徹した問題意識の結合にたって、機知と感覚の鋭いひらめきを示すことができたのでる。

詩人のなかの代表的な存在は、前衛的な方法論を生涯貫いた北園克衛であろう。タイポグラフィに対する鋭い感性は、外装のみならず本文の体裁にも発揮されており、方向性では原と共通するものがあったとはいえ、実現されたものは原とは異なるポエティックな資質をいかんなく示しているのである。美術評論でも知られる瀧口修造の装幀もまた独自の輝きを放っている。

ついで、戦後詩に鮮烈な光芒をしるした吉岡実の装幀が注目されよう。吉岡は四六年に恩地の知遇をえたことが契機となって装幀の研究を始めていたが、五一年入社の筑摩書房において、同社刊行書の装幀を翌五二年から継続的に手がけるようになった。それは伝統ある出版社が長年の活動をとおしてつちかった美質を十分に吸収したうえで、そこに独自の工夫を重ねた仕事だといえよう。いわゆる社内装幀の継承と発展を身をもって実現した人である。その仕事が評判を呼び、後年は他社からの依頼もふえた。

吉岡が詩作において絶えざる自己更新を自らに課したように見えるのに対して、装幀においては、対照的にゆるぎない自分の美学を守りとおしたことが興味深い。一貫して硬質な金属活字の明朝書体にカットを配しただけのスタイル。シンプルをきわめた体裁のなかに、吉岡独自のテイストがにおいたつ。いいかえると、だれでも真似られるようでいて真似られない独自の磁力をそなえているのが吉岡の装幀なのである。

なお、吉岡の精神を引き継ぐかたちで、吉岡の指導と社内装幀の伝統のなかから、後にわが国初めての装幀を専門とするデザイナーとして独立する栃折久美子が育った。吉行淳之介や石川淳の装幀で知られるが、その端正なたたずまいはいまなお色あせていない。そして、栃折の退社と入れ替わるようにして中島かほるが入社し、現在同社の装幀に携わっていることを付記しておこう。中島は、吉岡、栃折とまさに同じ道筋をたどるように、同業他社の仕事も同時にこなしている。

詩集出版の編集者の仕事では、すでに言及した伊達得夫が主宰した書肆ユリイカでのダンディズムあふれる装幀が注目される。たしかな方法論の裏づけがあった仕事とは思えないが、その鮮やかな切り口は、やはり文学的な感性と、それが引き寄せるイメージ喚起力との幸福な結び付きの所産としかいいようがない。

このように戦後における詩人による装幀と詩集出版が占める独自の位置を検証してみると、私はおのずと、戦前に萩原朔太郎や室生犀星が主張した立場に思い至る。

朔太郎はいう。「いつかも他の随筆で書いたことだが、本の装幀というものは、絵に於ける額縁みたいなものである。額縁それ自身が美術品として独立したものではなく、内容の絵と調和し、内容を引き立てることによって、補助的の効果性をもつのである。だから最良の装幀者は、内容を最もよく理解している人、即ち著者自身だということになる」（『日本への回帰』白水社、三八年。ちなみに同書は朔太郎自身の装幀）。

犀星はもっと挑発的である。「自分は装幀家の装幀には倦怠を感じ、今のところ装幀的な考案は行き詰っているも同様である。殊に画家の装幀はその絵画的な佶屈《きっくつ》以外には出ていない。癖のある画家の拵《こしら》え上げた装幀がどれ程天下の読書生を悩ますか分らないようである。装幀が画家に委ねられた時代は、もういい加減に廃《や》められてもいい。装幀に其内容を色や感じで現わすことは事実であるが、其書物の内容や色を知るものは恐らく著者以外に求められない。著者こそは凡ゆる装幀家の中の装幀を司るべきである。装幀に一見識をもたない著者があるとしたら、それこそ嗤《わら》うべき下凡の作者でなければならぬ。著者はその内容を確かりと装幀の上で、もう一遍叩き上げを為し鍛え磨くべきである。作者の精神的なものが一本鋭利にその装幀の上に輝き貫いていなければならぬ」（『天馬の脚』改造社、二九年。当然というべきであろうか、同書も犀星の装幀）。

犀星は小説も発表したが、ともに詩人としての共通点をもつふたりが、このように自分で装幀することにこだわりを示すのは（ただし両者とも他者に依頼した著書もある）、なぜであろうか？　やはり私は、言語表現上での練磨とイメージ生成との親和の関係が彼らのバックボーンになっているのではないかと想像する。詩人にいわゆる絵心のある人が多いことはその証しになるのではなかろうか。

朔太郎は自らの装幀に失敗作があると正直に告白している。犀星の自著装幀にもいかにも素人くさいものがあることは否めない。ただ、作者ならではの息づかいが脈打っていることはたしかだ。こうした詩人特有の感性が、装幀という視覚化の作業においても発露しているこどに納得がいくのである。

犀星は戦後も『杏っ子』（新潮社、五七年）や『我が愛する詩人の傳記』（中央公論社、五八年）など、題字に版画家の畔地《あぜち》梅太郎による滋味あふれる木版刻字の助けなどを借りながら、生地金沢の古い家並みを思わせるような古雅な味わいの装幀を残したことを銘記したい。ところで著者自身による装幀は、現在ほとんど見られない。自ら手がけなくとも、著者の立場からの装幀への言及も少ない。犀星のようなこだわりはどこへいってしまったのであろうか。装幀デザイナーにすべてお任せというわけでもなかろうが、残念である。装幀が「素人」にも開かれ、門外漢がもっと口出しできるような状況が再びきてもよいのではないか。先ほどの他ジャンル・アーティスト参入の必要性と重なるが、それが装幀表現の活性化につながるはずなのだから。

その後の装幀の展開に話題を引き戻さなくてはならない。

装幀史の「戦後」となる実質をともなった転換は、一九六〇年代半ばから「装幀」から「ブックデザイン」への移行というかたちをとって、原弘の息子世代にあたる若いグラフィックデザイナーたちによって担われた。その筆頭格の杉浦康平をはじめ、粟津潔、勝井三雄、平野甲賀、清原悦志らの俊英の台頭がそれにあたる（清原は北園克衛が主宰した「VOU」のメンバーだった）。

実質的な転換といったのは、粟津が二九年生まれであるほかはいずれも一九三〇年代生

栗津潔装幀：水上勉『男色』中央公論社　1969年

横尾忠則装幀：高橋睦郎『地獄を読む』駸々堂　1977年

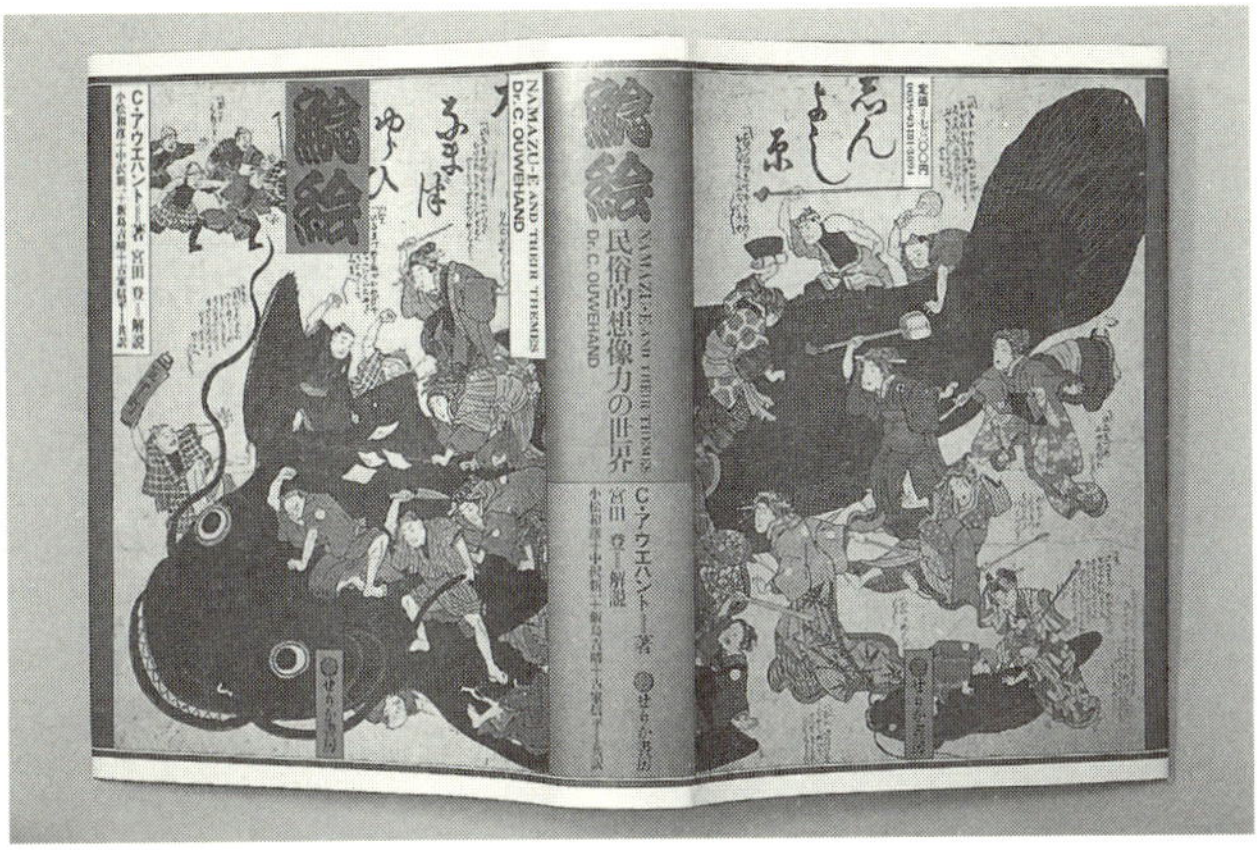

工藤強勝装幀：コルネリウス・アウエハント『鯰《なまず》絵』せりか書房　1979年

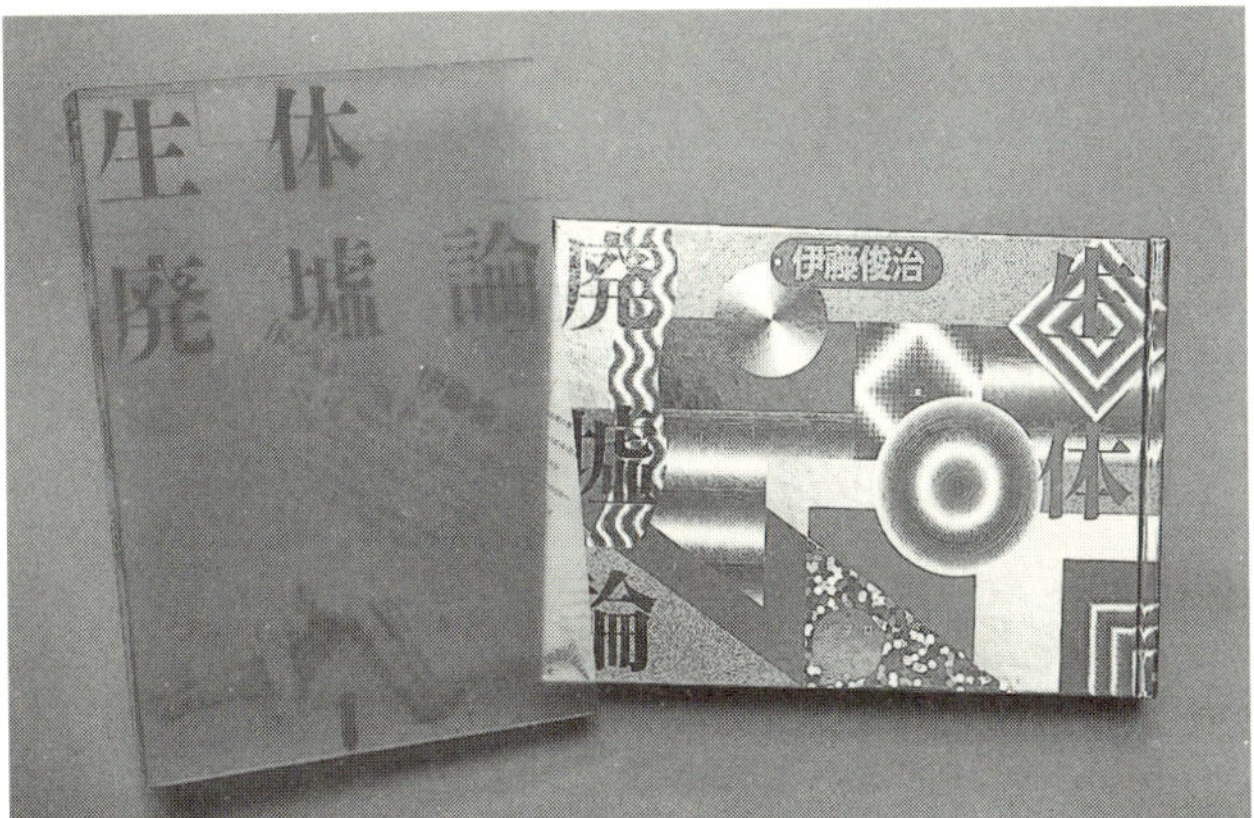

鈴木一誌ブックデザイン：伊藤俊治『生体廃墟論』リブロポート　1986年

まれで、戦後の民主主義教育を体験した初めての世代が登場したところに意味があるからである。同世代に作曲の武満徹、写真の奈良原一高、版画の池田満寿夫らがいる。もっとも多感な少年期に終戦という不毛の空白を迎え、戦後は一転して、歴史教科書に墨を塗られ、昨日とは正反対の価値観を教え込まれた世代。旧世代への不信感はおのずと深い。世界は相対的なものにすぎず、自分の世界観構築こそが未来を創造できるという熱情に自らを駆り立て、高度経済成長と歩調を合わせるように、若いエネルギーを噴出させたのだ。

彼らは旧世代に見られるモダニズムの定型や「本の美術」としての唯美主義を乗り越えて、タイポグラフィを核に、それまで出版社にとっての「聖域」であった本文組まで踏み込んだトータルな視覚化に挑んだ。それは書籍の全ページに統一された全体像をいきわたらせようとする先鋭な試みとなる。杉浦が『吉岡実詩集』（思潮社、六七年）の奥付に、本文組に採用した活字体裁と使用した用紙の精細なデータを記しているのは、あたかも新たな本づくりの方法論に寄せる確信にみちたマニフェストであるかのようだ。

こうした実験的な追及にくわえて、折から開発の進んだ新しい用紙や、進歩著しいオフセット印刷を積極的に取り入れることによるマチエールの革新は、いわば「装幀のデザイン革命」の様相を呈することになる。このうち、唐十郎や寺山修司らの新しいスタイルの演劇運動に象徴されるような、六〇〜七〇年代を色濃く染め上げた「情念の爆発」をブックデザインにおいてすくいあげたのが粟津と横尾忠則であり、とくにその突出した反近代性において横尾のデビューは衝撃的だった。平野は晶文社の仕事をほとんど一手に引き受け、サブカルチャーから純文学に及ぶ同社刊行書の統一されたイメージ形成にみごとな成果をおさめている。

七〇～八〇年代はこうして開花したブックデザインのボキャブラリーがさらに進展を見せた時代であった。とりわけ杉浦の旺盛な活躍が特筆される。身体論や視覚心理学、アジアの図像への関心など広範な問題意識に裏打ちされたその知的な営為は、後続世代に大きな影響を及ぼした。そして、杉浦の方法論の影響下からスタートしながら、独自の昇華と発展を導き出したのが中垣信夫、鈴木一誌（ふたりはかつて杉浦のスタッフ）、戸田ツトム、羽良多平吉、工藤強勝らで、その理念的で論理的なアプローチは現在も健在である。このなかでは、戸田がパソコンを駆使したブックデザインのデジタル化のトップランナーとして、いわゆるデスク・トップ・パブリシング（DTP）に果敢に参入していったことが注目される。

しかし、こうしたデザイン上の刷新は、一方で理念を欠いた、形骸化した仕事を大量に流通させることともなった。いよいよ進行する出版の大量販売戦略が表層的なデザインの横行を助長させたともいえる。

このような、その時どきの思いつきだけの仕事の奔流に抗するように、テキストに寄り添いながら、柔軟な明察と文学的な感性を武器として、装幀の「零度」に立ち戻るようにしてその魅力を引き出したのが、八〇年代初めから活躍を始めた菊地信義である。四三年生まれの菊地は、先行世代が切り開いた実りを十分に吸収しながら、恣意的なデザインの操作とは距離を置いた、きわめて内省的でコンセプチュアルな世界を構築していった。装幀への既成概念をくつがえすような試みも多い。鷲田清一著『見られることの権利〈顔〉論』（メタローグ、九五年）では、あろうことか書名や著書名を帯の下に隠してしまっている。もちろん帯にも同様の表記があるので識別できるわけだが、内容の深い読み込みにたつ菊地の卓抜な「たくらみ」には舌を巻く。その意味で、菊地の仕事は一種の「メタ装幀」（装幀による装幀）というべきであろう。

戦後の装幀を支えたのはもとよりデザイナーばかりではない。時代は前後するけれど、版画家では駒井哲郎、加納光於、池田満寿夫、野中ユリらの六〇、七〇年代を中心とした鮮やかな活躍が思い起こされる。近年では柄澤齊《からさわひとし》、山本容子、望月通陽らの個性豊かな叙情が注目されよう。版画と装幀とは「版による複製化」という契機をはらむ点において共通している。版画家が装幀の世界に才能を発揮してきたのは理由のあることなのである。

イラストレーターでは、五〇年代後半からの六〇年代にかけての真鍋博のシャープな感覚は忘れ難い記憶をとどめている。その後では宇野亜喜良、和田誠、安野光雅らの息の長い取り組みが光る。画家では司修の重厚なイメージ喚起力が異彩を放っている。司は近年、小説も発表しているが、装幀を継続的に手がける画家として、いまやまことに稀少な存在となった。

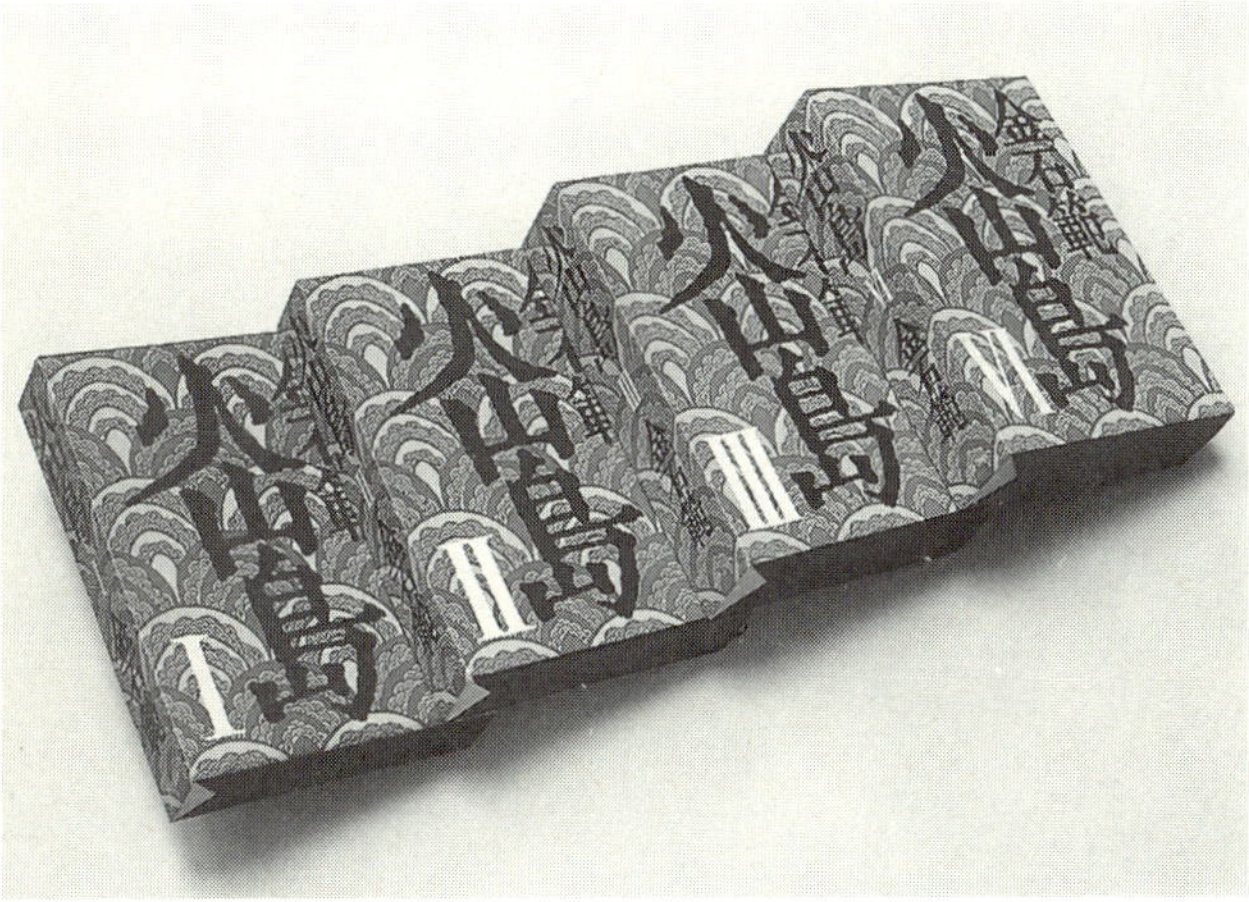

田村義也装幀：金石範『火山島』全4巻　文藝春秋　1983〜97年

もうひとり、岩波書店編集部出身の田村義也の特異な活躍に触れないわけにはいかない。筆力あふれるレタリング（書き文字）を題名に使った骨太な意匠と、活版印刷にこだわるストイックな姿勢は、多くの熱心なファンに支えられている。テクノロジーと安易に妥協してきた大方のデザイナーとは対照的な取り組みだ。金石範著『火山島』全四巻（文藝春秋、八三～九七年）を白眉とする独特の書き文字といい、むしろアンチ・デザインの立場から豊穣な世界をこつこつと積み重ねてきたのが田村である。異端の孤塁をまもりながら、その装幀がつむぎ出す存在感は、書店の平台においても抜きん出ている。私が田村を「最後の文人装幀家」と呼びたいと思うゆえんである。

以上素描してきたように、戦後の装幀文化は実に分厚い人材によって支えられている。装幀家、デザイナー、画家、イラストレーター、版画家、詩人、編集者とそのジャンルも広い範囲にわたっていることは驚きだ。もとより、ここでは触れられなかった人たちが少なくないが、ともかく戦後、装幀がかつてない多彩な広がりを示し、古書をひもとく喜びを倍加していることはたしかである。しかしいろんな面で現在のほうが本づくりの画一化が進んでしまっていることにも留意したい。装幀あるいはブックデザインをとおした戦後出版文化史の再構築も緊急を要する課題となるだろう。

最後に、私が少なからぬ恩恵にあずかっている古書業界の目録を見ていて気になるのは、装幀者名表記が依然として小村雪岱《せったい》、恩地孝四郎、中川一政、青山二郎、棟方志功、芹澤鉒介ら物故した著名美術家にほぼ固定されていることである。原や杉浦ら戦後デザインの開拓者の名前を目にする機会は滅多にない。戦後もすでに半世紀を超えている。そろそろ装幀者への目配りを広げてほしいと思う時がある。

もっともそのことが、古書の市場原理をいたずらに刺激し、装幀の美しさで本を求めるというひそやかなたのしみを阻害することになるとしたら……。つまるところ、たのしみは自前の足と眼でつかみなさい、ということなのだろう。

II

思想としてのデザイン

繊細にして強靭なポエジー——「清原悦志の仕事1956—1988」展……………

　金属質の切れ味を示すタイポグラフィの精緻な使い手として、ブックデザインやエディトリアルデザインに印象深い仕事を残しながら、一九八八年十一月に五十七歳の若さで卒然として逝ったデザイナー、清原悦志氏をしのぶ作品展「清原悦志の仕事」が、八九年末のほぼ同時期に、都内二会場で開かれた。

　銀座のギンザ・グラフィック・ギャラリー（十二月四日〜二十二日）が、同氏が装幀やレイアウトを手がけた書籍、雑誌、アニュアルレポートなど約百点、六本木の東京デザイナーズスペースが、ポスター、シンボルマーク、立体造形、コンクリート・ポエトリー（具体詩）など、約七十点の展示。五六年の初期作品である雑誌『ピジョン便り』にはじまる、三十年をこす仕事の回顧であったが、よく知られた装幀とエディトリアル以外にもスポットがあてられ、とりわけ、あまり目にすることのなかったマーク類やコンクリート・ポエトリーをまとめて見ることができたのは、氏の多面的な活動の軌跡への理解におおいに参考になる、得がたい機会となった。

　氏が格別の情熱を注いだエディトリアルワークスでは、六〇〜七〇年代刊行の雑誌『現代詩手帖』『思潮』(ともに思潮社)、『牧神』(牧神社)をはじめ、『幻影の城――ネルヴァルの世界』(思潮社、七二年)、『吸血妖魅考』(牧神社、七六年)、『寺山修司の戯曲』(思潮社、八三年)、『ウィトゲンシュタイン全集』(大修館書店、八五年)、『数学入門シリーズ』(岩波書店、八五年)ほかの、単行本の代表作が精選されて展示されていた。さらに、七〇年代の初めから最晩年まで、長らくかかわった大日本印刷のアニュアルレポートがあり、同じく同社の印刷見本帳や会社案内の紹介があった。ついでながら、大日本印刷といえば、氏が倒れたのは、同社での出張校正をすませてのち、仕事場にもどってすぐのことと聞く。ほかにも、電気化学工業、天童木工、和光証券などのアニュアルレポートに、氏は精細をきわめた手《て》業《わざ》を残している。

清原氏は、死の二年ほど前に、「シンプルで、かつ目的を満足させる作品をめざしてデザインをしています」と書いていたことがあった。たしかに、氏の所業に一貫しているのはシンプルさの追求であろう。しかし、ときとして単純であることへの執着はデザインの不毛を招きかねない。氏の仕事が、単純性への抑制をぎりぎりまで重ねながら、そうした不毛性や、あざとい操作とは無縁の、尽きせぬ豊かさを秘めた、ポエティックなリズムを流露させているのは、なぜなのだろう?

東京デザイナーズスペースに、清原氏のことばがアンソロジーのかたちでパネル展示されていた。そこには、「活字は美しいですね」「やはり活字が好きってことじゃないかなぁ」といった表現が見られる。活字への純粋なまでの愛情、いいかえると、正方形の活字がも

清原悦志ブックデザイン：日夏耿之介《こうのすけ》『吸血妖魅考』牧神社　1976年

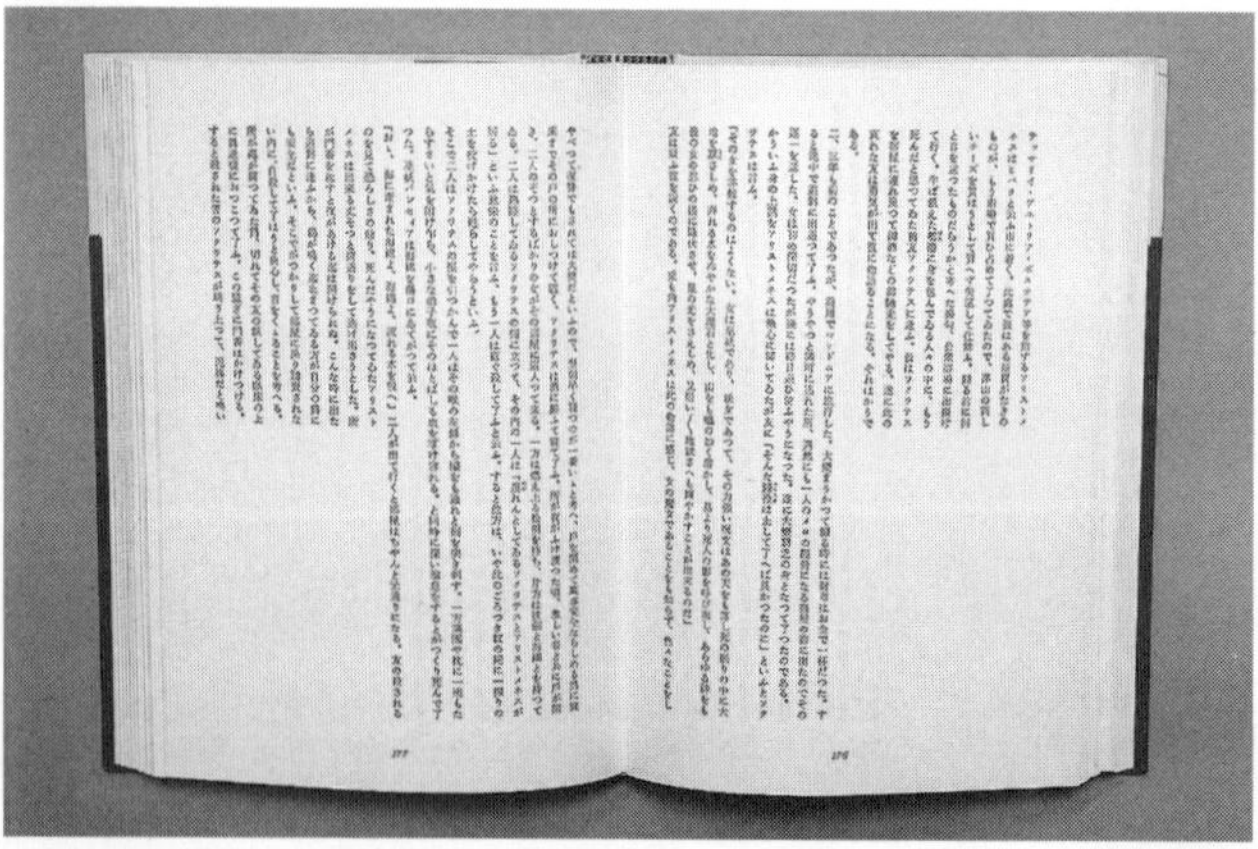

同書の本文組み。見開きが、小口側の下半分を開けた特異なＴ字型の体裁となっている。

つ規矩《きく》への限りない信頼。氏の事務所名が「正方形」であったのはむべなるかな。

　たしかに氏のデザインの本領は、この矩形の活字をベースとしたタイポグラフィの駆使にあった。だから、写植文字による題字類も、例外はあるものの、ほとんど正体《せいたい》で押しとおした。そして、本文組みでは、行がえから、字間、行間、段間のすべてにわたって、細心の注意を払い、約物《やくもの》の効果的な使用に腐心した。仕事のルーティン（慣例）化をきらい、すべてに白紙の状態で挑戦することをみずからに課しもした。天《てん》のアキの小さい、いわゆるブラさがり型の本文組みを氏は多用したが、地《ち》の余白が生かされた独自の緊張感は、活字の力学に立脚した氏のシャープな感性をよくあらわしていると思う。

　研ぎすまされたタイポグラフィと深く呼応するような、豊かなイメージ喚起力をそなえた抽象図形にも、氏はすぐれた才能を発揮した。『現代詩手帖』の表紙や、一連のブックデザインに、それはいかんなく発揮されているが、こうした自律的な造形言語の探求は、同期生・勝井三雄氏らとともに学んだ、東京教育大学構成科の師である高橋正人氏から受けた、先覚的な造形教育の薫陶《くんとう》にくわえて、清原氏が五〇年代末から七八年まで在籍したグループ「ＶＯＵ」の影響が大きい。「ＶＯＵ」はアヴァンギャルドの詩人、故・北園克衛氏が主宰したグループであり、同名の詩誌を舞台に、同人が実験詩やノンフィギュラティフ（非具象）なパターンの、果敢な探求をくりかえした。清原氏も同誌に、純粋の造形言語にもとづくコンクリートポエトリーの発表をつづけたことが、既述のように本展で示されていた。こうした試みが氏の方法論に厚みをくわえ、前述のポエティックなリズムをよりそわせていったのであろう。

デザイン人生の大半を、労多くして利少ない、地味な分野であるエディトリアルに捧げた清原氏。寡黙で廉直な人柄もあって、氏の生きざまはまた、その力量に比して、はた目にももどかしく映るほどに地味だったが、本人はそれをべつに意に介するふうでもなかった。新潮社のPR誌『波』（八九年十月号）の「装幀自評」で杉浦康平氏が、ほんらいであれば、みずからの仕事について触れるべき趣旨に「侵犯」してまで、清原氏について全紙面をさいて言及し、「無重力の美学が無自覚に多用される今日、タイポグラフィの本質をきっちりと見きわめようとした清原の仕事を、もう一度ふりかえっておきたかった」と結んでいたのが、胸の奥に残る。

広やかな視界――中垣信夫のブックデザイン

1 ドイツ体験

ドイツ時代の中垣信夫氏の写真がある。

一九八二年に旅行先のブータンで急逝した杉浦康平氏の夫人、冨美子さんをしのんで、その一周忌に同氏がつくった珠玉のような小冊子『春雷記』に載っているもので、パーティの席であろうか、ドイツ留学中の中垣氏と、和服姿の冨美子さんがダンスに興じているスナップである。やや緊張した面持ちの中垣氏とは対照的に、いまはなき冨美子さんの屈託のない笑顔が感慨深い。

一九三八年に神奈川県相模原市に生まれた中垣氏。生家は宮内庁御用達をつとめたこともあるぶどう酒の醸造元で、クリスチャンだった母親がひくオルガンにあわせて、家族全員で賛美歌を唱和するといった、進取の気にとむ家風のなかで、のびのびと育った。少年時代から絵画に熱中し、武蔵野美術大学に進学。在学中に六歳年長の気鋭のグラフィックデザイナー、杉浦氏の仕事を手伝っていたことが縁となって、卒業後の約十年間にわたり、家族も同様に起居をともにしながら、杉浦氏の最初の助手をつとめた。この間、六四年と六六〜六七年の二回にわたり、西ドイツのウルム造形大学から客員教授として招聘された杉浦氏の渡独と期を一にして、同大学に留学している（六六〜六七年）。杉浦氏とともに冨美子さんも同行しており、冒頭に述べた写真はそのおりの貴重な記録である。

ここで中垣氏および杉浦氏のドイツ体験にこだわってみたいのは、それがわが国のグラフィックデザイン、とりわけブックデザインの展開を考えるうえで、画期的意味をもつ事件であったからである。

ウルム造形大学（一九五五〜六八年）は、モダンデザインの形成に決定的な影響を及ぼしたバウハウス（一九一九〜三三年）の思想を継承して、西ドイツ南部の町、ウルムに設立された。時代の先端的な「知」を包括してとりこんだカリキュラムにそって、斬新なデザイン教育が繰り広げられたが、国際的な耳目を集めたその理念は、現在もなお、世界のデザイン教育の基層をなしている。いかにもドイツらしいデザイン哲学の所産であるブラウン社（電気かみそり、コーヒー・ミル、卓上時計などでおなじみ）やポルシェ社（高性能スポーツカーが熱狂的なファンを持つ）の製品デザインも、同大学教授や卒業生が主導的役割を果たしており、「ウルムの遺産」は現代に脈々と引き継がれているのである。

中垣氏はこのように、西欧近代の知性がはぐくんだともいえる先鋭な造形へのアプローチを、身をもって修得してきた。そしてまた、一例をあげると、「ドイツの台所道具は世界

ウルム市の街並み。中央を流れるのはドナウ川（1999年　筆者撮影）

ウルム造形大学旧キャンパス（同）

一」と賞されるような、市民生活の随処に息づく機能的なデザイン文化がかもしだす空気を、深々と呼吸してきたのである。

ついでながら、ヘルムート・プレッサーの名著『書物の本』（法政大学出版局）によると、中世以来の由緒ある歴史都市ウルムは、初期印刷時代の書籍木版画の重要な拠点であり、その芸術性の高さで知られたという。マインツのヨハネス・グーテンベルクが、十五世紀半ばに近代書籍印刷術を創始してからほどなくのことである。ゲーテが「自分は一生を読むことを学ぶために用いてきた」と書簡にしたためたように、ゲルマン文化圏にとりわけ顕著な、五百年をこす歴史を有する活字文化へのゆるぎない愛着の内実についても、中垣氏はつぶさに見聞してきたことだろう。

一方の杉浦氏は、ヴィジュアルデザインの指導にあたったが、さまざまな国籍をもつ学生、指導陣との接触をとおして、みずからの東洋人としての資質に目覚めていく。そして、アジア独自の叡智への認識を深めていくのであるが、七二年のインドへの旅でその確信は決定的なものになるのである。それまでの数理論的な解析に立脚する方法論に、アジアの図像群への温かなまなざしから織りなされる重層的な世界像がつけ加わり、氏の営為に一段と豊かな奥行きを寄り添わすこととなる。

邦人留学生は何人かいたものの、日本のグラフィックデザイン界で現在活躍する唯一の出身者として、ヨーロッパの正統的な造形理念を、本格的に継承、発展させることとなる中垣氏。そして、異邦での指導体験が、アジアへの再認識に至り、デザインのみならず

「文化の現在」に、かつてないパラダイム・シフト（規範の転換）を及ぼした杉浦氏。先に「事件」と書いたのは、以上のような理由によるのである。

2 固有の輝き

帰国後の中垣氏は、ブックデザインとダイアグラム（数値情報やさまざまな現象を視覚的に具体化したもの）を中心に、杉浦氏の補佐を続ける。ことに中垣氏が分担したダイアグラムの出来ばえは、杉浦氏も一目置いたほどで、平凡社『百科年鑑』（七三〜八四年）所収の各種図表や『週刊朝日』に掲載された「旅行時間地図」（六九年、ディレクション＝杉浦氏）にすぐれた手腕を発揮した。後者は、日本地図が各都市間の所要時間軸によってとらえなおされると、思いがけぬ収縮運動をひきおこすもので、常識をくつがえすコンセプトは、地図デザインに新たな地平を切り開いて、内外に衝撃を投げかけたものだった。

中垣氏が単独で制作した横浜市発行の市民生活図集「横浜の現況」（七〇年）や、世界的な権威をもつスイスの『グラフィス・ダイアグラムズ』（七四年）に収録されたアフリカ大陸の風向き、人種・言語図も、事実の端正で入念な視覚化が、豊かな輪郭を与えている。ことにアフリカ大陸のダイアグラムは、トレーシングペーパーを二枚重ね、おのおのにたくみな記号化をほどこした現象をメッシュ状に刷りこんだもので、共時的に錯綜する動態をダイナミックに抽出しており、興趣は尽きない。

ダイアグラムには武蔵美大在学中から関心を寄せていた中垣氏。最も基礎的な造形力のためされる、本来アノニマスな分野であるが、氏の一連のデザインには、すぐそれとわかる固有の輝きが宿っていて、見ることの愉悦を堪能できる。後年に氏が手がけたブックデザインのうち、平凡社の『歌舞伎事典』（八三年）とか『日本美術史事典』（八七年）等の事典類、あるいは美術出版社『カラー版西洋美術史』（九〇年）に挿入されている各種資料・年表のダイアグラムにも、外装だけにとどまらない、内部の地味な作業によせる氏の並々ならぬ情熱が理解できることだろう。

不思議な縁《えにし》の糸によって結ばれた杉浦氏との「師弟」関係をへて、中垣氏は七三年に独立する。独立後の数年は、氏が体得したドイツ的な整合性にたつ方法論と、定型をもたない日本の、猥雑な状況との間に横たわる隔たりに、苦慮を重ねたこともあった。ウルムの理念の直輸入ではない、日本型適応への道を模索することになるのである。

こうした過程で一つのメルクマールをしるすのが、約二百冊に近い『美術手帖』（美術出版社、七四〜八八年）の仕事で、表紙から本文組みに至るすみずみに、密度の濃いアートディレクションがほどこされた。年度ごとの背表紙に、ブリューゲル「バベルの塔」や京都・教王護国寺「両界曼荼羅図」などの図像を組みこみ、トータルにながめると群体としての連続性が完結する試みなど、個別的な緻密さと、全体にわたるシスティマティックな整合性をみごとに同在させている。氏の思想がもっとも凝縮したかたちで結実した達成の一つであり、これほどの精度の高さは、同誌のようなリトルマガジン（A５判）には前例を見ない。

3　社会に開かれたデザイン

中垣氏はこれまで画集、事典、自然・人文科学書、そして雑誌を中心に、丹精をこめた、オーソドックスな本づくりに徹してきた。いずれも仰々しい身振りとは一線を画し、年数を経ても色あせることのない、忘れがたい存在感をそなえている。活字文化の香気を響かせる端然としたたたずまいは、現代のブックデザインの一つの到達点を示すものだろう。

しかしながら、こうした、正統性をつきつめる地道な活動の持続のためと、杉浦氏という偉大な才能を「師」にもった宿命であろうか、ともすると杉浦氏の世界との親和のみに目が向けられ、中垣氏が個々の作業に凝らした創意への評価には、配慮に欠ける面があったことは否めない。その意味では、最近の代表的な仕事の一つである『花鳥風月　今井俊満』（美術出版社、八九年）が、高いイメージ喚起力をそなえた周到なブックデザインにより、平成二年度「講談社出版文化賞」を受賞したことは、妥当な評価として喜ばしい。

ここで日本のブックデザインの流れをたどってみると、意匠美の側面では、橋口五葉、小村雪岱《せったい》、木村荘八、川上澄生、芹澤銈介ら美術工芸畑の才幹によって、たしかに装飾性豊かな装幀が残されてきた。「本の美」の系譜の存在意義を否定するつもりはないが、惜しむらくは、これらの装幀はあくまでも個人的な「芸」の世界としておのおの突出している

中垣信夫ブックデザイン：伊藤亜人ほか監修『朝鮮を知る事典』平凡社　1986年
中川道夫写真集『上海紀聞』美術出版社　1988年

中垣信夫ブックデザイン：『花鳥風月　今井俊満』美術出版社　1989年
（平成2年度「講談社出版文化賞」受賞）

にとどまり、共有できる手法として後世に継承されることがなかった。現代のアーティストが手がけて人気を集める装幀も、その少なからずがこうした「宿縁」を断ち切っていないと思う。無名性のなかで、社会に開かれたデザインを、連綿として磨きあげてきたヨーロッパとの決定的な違いであろう。わずかに恩地孝四郎や原弘の仕事のうちに、普遍性をもつ方法論の糸口が浮上していたにすぎないのである。

杉浦氏と中垣氏の、タイポグラフィ(印刷文字に固有の美学にたつ視覚化)への目配りを基幹にすえた果敢な手法上の実験と開拓は、初めて本質的なブックデザインのボキャブラリーが整えられ、わが国に定着したことを明らかにしている、両氏が用意した広やかな視界を指南役に、時代を映しとる新たな感性をもった後進が、次々と育ってきていることからも、それは実感できることである。

中垣氏の事務所は、東京・新宿御苑を間近にのぞむビルの五階にある。目にしみいる緑が一枚の巨大な青畳のように敷きのべられ、窓ごしに広がっている。心洗われる景観だ。この日本に氏が根づかせた「ウルムの理念」は、わが国固有の変奏のうちに、豊かな花を咲かせつつあるといってよいだろう。

杉浦康平――デザインにアジアを注ぎ、宇宙を宿す［インタビュー・構成］……………

1　活動の原点と転機　西欧モダニズムの鏡に映ったアジア

――杉浦氏のこれまでの活動を振り返るとき、ひとつの大きな転機となったのが、ウルム造形大学に招かれての、一九六四年と六六～六七年の二度にわたるドイツ滞在であった。

氏はそれまで、サイバネティックス（情報理論）や記号論、視覚心理学などの摂取をとおして、西欧的なデザイン思考を煮つめてきた。初期の代表作にあげられる、抽象的なパターンで構成された「松平頼暁コンサート」（六〇年）などの一連の音楽ポスターや、『音楽芸術』の表紙デザインは、そうした原理的な追求をよく示すものである。

しかし、デザイン教育の先覚的な実験場であるウルム造形大学での体験が、氏の中に流れるアジア人、日本人としての血脈を目覚めさせることとなった。その経緯をうかがってみた。

「僕が見たウルムは、完璧に磨き上げられた西欧的知性の鏡だった。コンピュータは人間の思考過程を二進法でプログラムしてみせたわけですが、学生たちの制作過程にも二進法的な思考法が滲透している。イエス、ノーに徹して中間的な判断を排除するので、隅々まで明晰な光が当たる。近代ヨーロッパの理想が仕事に結晶している。そういうドイツ的なみごとな姿見に私自身を写して見ると、いかに私自身の体の中に日本、あるいはアジア的な考え方が染みついているかということがよくわかった。だから、学生たちを指導しに行ったわけだけれど、学校全体がもっていた鏡の明晰さに教えられて、むしろ自分のもっていたアジア的なものに目覚めさせられたということですね。

そのウルムで、アジア的な考え方の核心とは何なのかをいろんな角度から考えつづけた。すると、イエスとノーの二分法だけでは駄目なのではないか、むしろ中間的なものが大事ではないかと気づいたのです。今の僕の言葉で言えば、分けるのではなく、包みこんで一つにしていく、その大切さを学んだということですね」。

——そして、その後の氏の道筋を決定づけるような出会いが訪れる。七二年のインド旅行である。インド政府依頼の同国公用文字活字開発の基礎調査のため、ユネスコ派遣調査員としてインド各州を回った氏は、「民衆の中に深く潜在する美意識の豊かさ」（読売新聞七二年三月十四日）に圧倒される。

「そこにあるものたちに完全に包み込まれた。その瞬間からなにかが変わりはじめた。その感動をずっと今ももち続け、育てながら、いろいろな形にまとめているわけです。

そのころ、同時代性なのか、日本の社会がアジア文化の重要性に目覚めはじめ、絵に描いたように、次々とアジアを主題とする仕事とのかかわりが生まれました。七五年ごろからマンダラをまとめる本の仕事やその企画展が相次ぎました。前後して、中国の『京劇』の日本初公演（七九年）とか、『アジアの仮面』展（八一年）、『アジアの宇宙観』展（八二年）などの仕事が続いた。最近では『花宇宙』展（九二年）。そんなふうにして、自分の意思を越えたところで、アジア的なものに自然に取り組まされてきたようにも感じられる」。

――この間、八二年には夫人の冨美子さんが招待旅行先のブータン王国で逝った。ゆかりの深いブータンの文化と民族性に氏は格別の愛着を示しているが、同国切手デザイン（八三年）も印象深い仕事として銘記したい。

さて、杉浦氏は、さまざまな知的領野に、われわれの想像を超えるような旺盛な関心を寄せてきただけに、デザインという限られた領域での影響関係を尋ねるのは愚問かもしれない。とはいえ、氏はデザイナーとしてのスタート時に、山城隆一氏のリリカルな作風（ポスター「森・林」など）に学ぶことが多かったと述べている（『季刊・タイポグラフィ』第二号、日本タイポグラフィ協会、七四年）。今回もあえて、関心を寄せるデザイナーについて質問してみた。

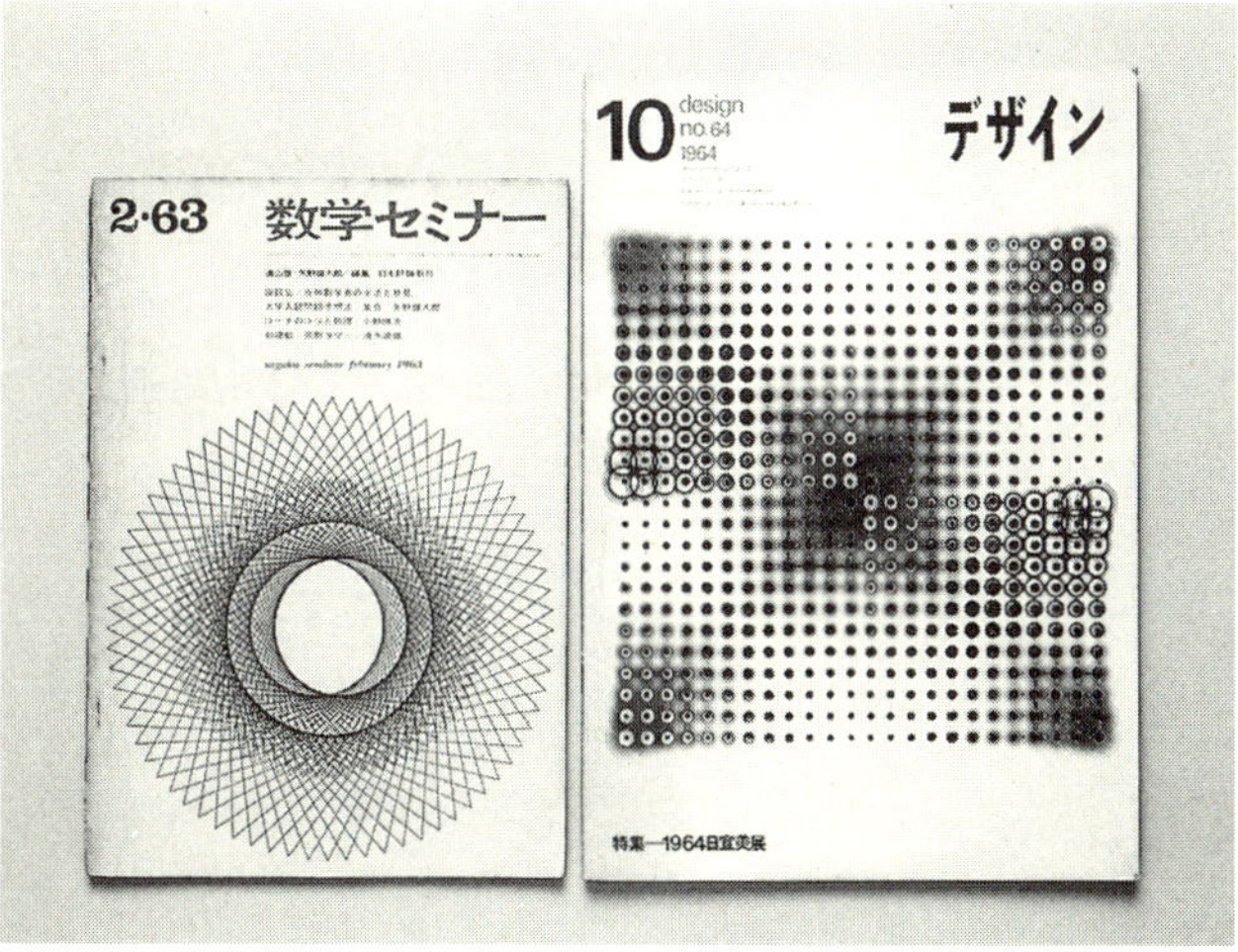

杉浦康平デザイン：『デザイン』誌表紙　美術出版社　1964年
『数学セミナー』誌表紙　日本評論新社　1963年

「そのつもりになって探せばたくさんいると思いますよ。たとえば僕が教えに行ったウルム造形大学の創立者であるオトル・アイヒャーは、コマーシャルデザインをやっていたけれど都市計画を論じたり、動物行動学を深く研究したり、いろんなことに関心をもつ人だった。自分の住んでいるドイツという国の全体像をよく把握していて、まだこういうところが欠けているな、こうすればもっといいデザインができるはずだ……という問題点を見つけだす。そして、社会への新しい提案としてアイヒャーは自分で案をつくり、それを百パーセント完全にマニュアル化（印刷し、模型化する）して、ズドンと会社にもっていく。するとと相手は驚いて、ではそうしましょう、といってそのプロジェクトが進んでいく。

提案型のデザインであり、デザイナーが先導するデザインですが、日本の代理店などが戦略的にやっていることを、アイヒャーは自らが先導する小人数のチームでもっと社会的、美学的に、つまりコンセプチュアルアートのような完璧な形で実現していく。そういう理想を現実化してゆくことができる尊敬に値する人が数多くいたと思います」。

2 アジアの万物照応劇場 生命感あふれる形、有機的配色、瞑想的構造

——杉浦氏のアジアの図像への造詣の深さは、初めにマンダラの研究で公にされたが、さらにスケールとヴォリュームを広げ、アジア全域にわたる、生命感あふれる〈かたち〉の

採録に突き進んでいる。膨大な量の魅力ある図像が、ランダムに遺されているかのように見えるもののなかから、氏は、ほぐれた糸をより直すかのように、そこに重層的に響き合う共通感情を探り出し、みごとな腑分けをほどこす。氏が「万物照応劇場」と呼ぶゆえんである。その強靭な眼力と識見にはただ舌を巻くばかりだ。

その研究成果は、岩田慶治氏との共編『アジアの宇宙観』（講談社、八九年）や自著『日本のかたち・アジアのカタチ』（三省堂、九四年）ほかの幾多の著作に結実し、くわえて、濃密なイメージ喚起力をそなえるポスターや図録デザインに反映されている。いいかえると、氏の中においても、研究と著作、それにデザイン作品とが照応していることになる。氏にあらためてアジアの図像の魅力を語ってもらおう。

「アジアの図像の特徴は、無名性ということ。アジアの人たちは、名前を残すような個人の営為を主張しない。もっと自分を超えた大きなものに自らの仕事を捧げていこうとする。ことばを替えていえば、微塵《みじん》のようなものと考えている。無数の、きらきらと光る微塵です。だけど、できあがったものは非常に深い、今日の人々にも感動を与えるものが生まれている。それはなぜかというと、はるか昔から人間の中に眠っている生命記憶、つまり大自然の脈動とともに育くまれた、誕生以前の記憶……と深くかかわるような表現をはらんでいるからなんですね。それともうひとつは、西欧文化が忘れてしまったものが、アジアの日常生活の中にはふんだんに残されている……ということ。アメリカのコマーシャリズムなどの影響で、日本も、欲望の解放にくわえて、個人個人が勝手に自己主張する文化になってしまった。それはそれで良いことで、たしかに人間は一人一人の存在であるわけですが、各自の欲望と権利を十全に解放し、その主張を受けいれていったら、この地球という柔らかい生態系はたちまち壊れてしまうということを、きちんと考えなくてはいけない。西欧文明は、自然を人間が征服する対象だと考えた。それはアジア的自然観の対極にある。アジアの人たちは人間が自然によって生かされていることを知っています。森の存在がどんなに貴重なものか、精霊や神が何者かということを、昔から神話や民話の中で語りつぎ、おばあさんが孫に聞かせる話や唄の中でしっかりと伝えてきた」。

——杉浦さんがアジアの考え方から学んでデザインに実際に生かされていることはなんでしょうか?

「あげていたら切りがないけれど、たとえば、アジアにまつわるデザインには、白という色を使わない。白く映る部分は別として、カタログにしろ写真集にしろ、余白には全部色をつける。インドの人たちと話をしていたら、白いご飯を食べないという。どうしてかと聞いたら、白米は死んだ飯。生きているものに見えないという。インドのライスには必ずサフランやバター、カレーが混ぜられて黄色い色がついている。

アジアのものは色で埋めつくされている。だから僕のアジア関連の仕事は、白を拒絶し

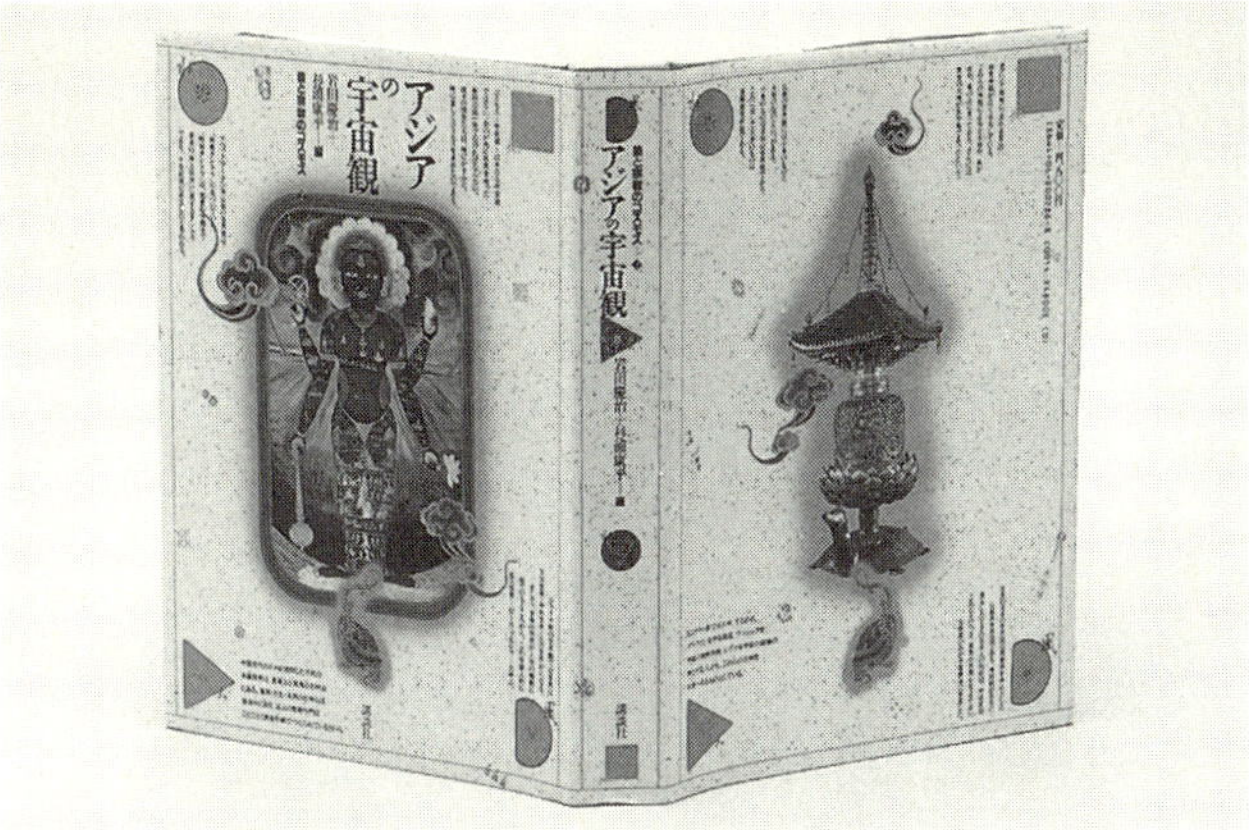

杉浦康平＋谷村彰彦ブックデザイン：岩田慶治・杉浦康平『アジアの宇宙観』
講談社　1989年

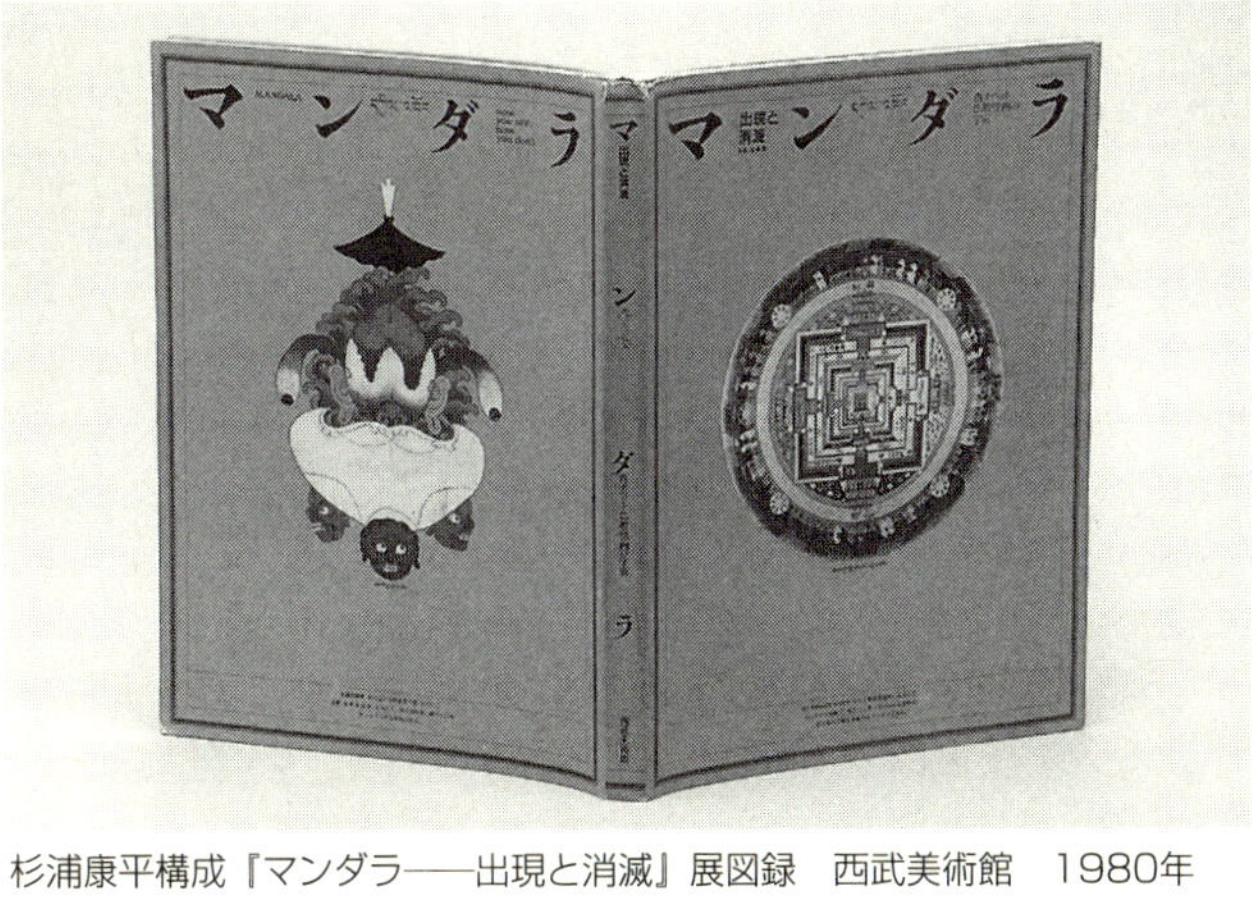

杉浦康平構成『マンダラ——出現と消滅』展図録　西武美術館　1980年

て特徴づけています。それが僕がよく交流する台湾や韓国のデザイナーにも影響していて、白の紙に色をしいたり、テクスチュアを刷りこんだりするようになったようです。

対比色の強烈な切り替えの手法も、アジアから学んだもの。『マンダラ—出現と消滅』展(西武美術館、八〇年)の図録で、表紙の赤から、見返しの青にと、原色を激しく切り替えていますが、その基本コンセプトは、アジアの色彩を活気づけている強烈な色の残像を感じとって欲しいからです」。

3　マンダラ透視　光、地球、宇宙に通じる円相の魅力にとりつかれて

——杉浦氏のアジアの図像への関心のうち、もっとも独創的で水際だった読み解きを示したのがマンダラであるといってよいであろう。〈杉浦図像学〉の中核をなすのがマンダラなのだ。事実、マンダラが豊穣なコスモロジーを内包していることを、たぐいまれな直感と明察によって次々と明らかにしていくプロセスは実にスリリングである。新たな発見が、さらなる発見を呼び込む、めくるめくような思考の連鎖。氏の尋常ではないマンダラへの傾倒を如実に示すものだ。

氏の編集になる共著『円相の芸術工学』(工作舎、九五年)においても、「マンダラと円相」と題する文を寄せている。氏はマンダラに描き込まれた「花と壺」に〈円相〉を見出し、その〈円相〉をキーコンセプトとして、そこに秘められた、アジアの人々が共有してきた

叡智を、明らかにしていく。

一例をあげると、花咲く壺の表面にある「まだら」模様から、同じく「まだら」状態で産まれる胎児に連想が及び、さらに神社や仏閣の入口に座すまだら状の聖獣「狛犬」や「唐獅子」の意味性の検証へと転ずる。こうした意表をついた想像の「跳躍運動」は、まさに氏の独壇場というべきであろう。

杉浦氏にマンダラおよび〈円〉のもつ多重的な魅力を補足してもらった。

「マンダラは壁に掛けられた仏画と理解されているけれど、実際には、日々描かれてはこわされるもの、仏を招く聖なる場として、祈りとともに出現し消えていくというものです。なぜ仏を招くマンダラが円相にひろがるのか。人間の存在と、神や仏の存在が、輪のように広がる世界の中にこそ現れるという、人間という生命体が長い長い意識の形成過程で獲得した世界認識の方法にもとづいている。その中で円相が知覚されると思うのです。

だから、幾何学的な図形をあらかじめ想定して描くのではなく、自分を超えるただならぬものが地上に降り立つ場が、そういう形をしていなければならないということが見えてくる。それはどういうことかというと、たとえば人間の思考を明晰にし純度を高めて整理していくと、たとえばバックミンスター・フラーの基本単位である三角形のように、どんどんプライマリーな単純な形、円とか正方形のような整合性をもつ形が現れてくる。プラトン的なイデーもそうです。

円というのはそういう秩序ある形の原点をなすもの。さらに形態の原点には点というものがある。そうすると、点はすでに円として意識されると思うんです。点はどんなに微小なものでも、円的な広がりをもちますからね」。

――マックを操作していても、たとえばとんがった星型をどんどん溶かしていくと、いつのまにか円になっていきますね。

「そう、まんまるいあんころモチみたいになっていく（笑）。

そういう人間と円とのかかわりがマンダラの構成原理のひとつになっている。人間は光とかかわって、眼球の中で容易に円形の光を知覚するし、人間の存在そのものも円としてとらえられる。人間が動き回っても、けっきょくは地球という球体の中の出来事でしかないし、宇宙のスケールでは球体に始まり、球体に終わる円相論につながる。この円相が宗教的な図像の根源にすえられる。マンダラは、非常に精緻な、めくるめく感覚をともなって現れてくるということですね」。

――杉浦氏はマンダラ研究とその企画展示と並んで、いくつかのマンダラ関係の本の造本と構成を手がけている。その代表作は、杉浦氏にはめずらしい個展形式の発表である「杉浦康平の〈マンダラの本〉」展（銀座松屋、九一年）でも紹介された。

杉浦康平＋谷村彰彦＋甲田勝彦ブックデザイン：
石元泰博撮影『伝真言院両界曼荼羅』平凡社　1976年［撮影：佐治康生］

さて、その最初のものとなった、石元泰博撮影の『伝真言院両界曼荼羅』（平凡社、七六年）は、出版文化史上からみても特筆されるべき達成であろう。中国と日本の伝統的な造本形式である一対の折本（経本）に双幅の掛け軸、それにくわえて一対の写真集・画集、計六冊の本からなる複合体。ヨーロッパには類例のない形式を織り込んだ造本は、歴史性をかえりみず、洋装のみに画一化した出版文化への批判とも言える。六冊の本が重層的に美しく響き合う同書は、ライプチヒ装幀コンクール特別賞など数々の賞に輝いた。

そのほか、西チベット・ラダック地方の仏教壁画を収めた『マンダラ』（毎日新聞社、八一年）と、『マンダラ蓮華』（平河出版社、八五年）なども周到をきわめる造本。マンダラ自体の魅力にくわえて、ブックデザインの奥行きの深さと醍醐味を深々と味わうことができる。いずれも、杉浦氏という存在抜きには陽の目を見ることがなかったであろうと思わせるほどの完成度の高さだ。

4　文字への愛　文字は変幻する生命体、神話性の力を宿す

――杉浦氏が『活字礼讃』（活字文化社、九一年）に寄せた「movable typeと『直角の思想』」は印象深いエッセイであった。この中で氏はウルム造形大学での体験に触れている。学生全員が必修として、活字を組み、印刷機を回すことを課せられていたが、氏はその活版印刷のシステムに西欧の近代社会がつちかった制度の結晶化を感受する。「ある世界を構築し

て、ふたたびバラバラなものへと還元され静かな眠りにもどっていく」活字に、「人々が群れ集う市民社会の縮図」を読み取るのだ。ひるがえって日本は、なんとも無節操に活字をいちはやく捨て去ってしまったが、氏は「精神の自立、輝きを示そうとする澄みきったもの」としての活字の無言の問いに、しっかりと耳を傾けようとする。

さらに、活字のもつ「直角の思想」に、古代中国の宇宙観である「天円地方説」との類縁を見出す（新潮社の『波』誌がかつて連載していたコラム「装幀自評」でも、そのコラムの主旨を侵犯して、杉浦氏が故・清原悦志の仕事を「他評」した中に、この天円地方説への言及があった〈八九年十月号〉）。ここでは天円地方説について詳述する余裕はないが、活字についてこれほどの深い省察を加えた人は、氏を措いてほかにいまい。

激しい価値観の変動にさらされる文字文化の現状を、杉浦氏はどうとらえているのだろう？

「活字は直角原理が根本にあるとか、活字と活字の間の余白に詰め物があるんだというような、基本的なことを通り越して、今はもう、完全に次のステップに入ってしまった。パソコン上では自由自在にイタリックがかけられ、曲面上にも配置できる。直角が唯一の拠り所ではなくなってしまった。それにあまりこだわった話を長々としても、次の世代にはなんの得にもならないかもしれない。

四月から始まったＮＨＫ教育テレビの人間大学『かたち誕生』の五、六回目で文字の話をしますが、六回目ではなぜ漢字が四角い場に書かれなければならないかということを、テキストに書いた。それは、漢字は大地に根を降ろしたもので、その大地は天に対応している。つまり、漢字は世界そのものを凝縮し、その生命力を写しとるためにつくられた。だから、文字は本来、たんに紙の上に書かれるものではなくて、生活空間の中にいろいろと枝葉を張り出して、息づいているものなんです。

たとえば、大文字焼きみたいに、大地にじかに火で字を書いて祖先の霊を送ったり、落語家が舞台に上がる前に手のひらに呪文を書き、それを飲む真似をして気を鎮めるというように、文字はただならぬ役割を果たすものだった。そういうふうに生きた文字が本来の姿であって、今のようにワープロのような形で打ち出される文字というのはごくごく一部。文字というものは、もっと生活の隅々に根をはりだし、さまざまな形に変幻するものだということを、今日の人々は忘れている。そういう意味で写研のカレンダーは、かつて漢字文化圏に躍動していた元気のある、生命を吹き込まれた文字の諸相をすくいあげようというシリーズなんですね」。

――文字のたたずまい全体に向けられる氏の眼差しにはことのほかのものがあるが、このうち、活字への愛着をもっともよく示しているのが雑誌『季刊銀花』（文化出版局）であろう。大日本印刷の秀英体明朝活字の凛とした美しさを引き出す卓抜な表紙デザイン。七〇年の創刊で、九四年に百号を突破した同誌は、氏の文字論が結晶している。

文字の多彩な生態をすくいあげてきた写研カレンダーも、七五年より続いている息の長いシリーズ。このシリーズは近頃、同社より氏の構成で『文字の宇宙』(八五年)、『文字の祝祭』(九五年)の二冊の本にまとめられた。

ところで、デジタル化が急速に進む文字情報処理の現状を氏はどう考えているのだろうか?

「マックなどで、プログラムされたソフトを使いながら自分のイメージを超えたイメージがつくりあげられ、動かせるということは、ひとつの快感であるし重要なことだと思います。だが僕が長年にわたって写研のカレンダーの中で取り上げてきたような文字たちとの根源的な差異は、昔の人は文字の中に生命力を見ていたということ。それからもうひとつは、ただならないもの、つまり、人間を超えた自然の奥深いなにかを写し取るものとして見ていたわけです。たとえば、護符などはたちまち魔的なものを追い払う力をもつものと考えられていた。そういう文字の神話性は全身を襲う戦慄……などによって生まれるもので、マックのように指先だけでマウスを動かしていくところからは出てこない。

そういう生命感の根源に触れるようなデザインへと価値転換していかなくてはいけないと思うわけです。僕がしようとしていることは、目に見えない生命力をどのようにしてデザインに持ち込み、回復するかということ。アジアの図像に触れた後は、それを一生懸命考えているということでしょうね」。

5 図象解析　時間、空間、物量を相対的に視覚化する

——緻密な論理と計算に裏打ちされた手法を出発点として、やがて、アジアの図像の探究へと予想外の転換を遂げたように見えながらも、実は一方で、杉浦氏は一貫して「図」への執拗な関心を持続させてきた。眼球運動と形態視との神秘的な関係を探ったり、線や図の発生地点にまでさかのぼる始原的な構造の究明など、図の本質に肉薄しようとするその作業はとてもユニークで刺激的だ。それと並行して、図や形がもつシンボリックな世界観の研究も精力的に進めてきた。その対象は洋の東西を問わない。なお、氏の「図」への探究成果は『多木浩二対談集・四人のデザイナーとの対話』（新建築社、七五年）所収「図の宇宙誌」や松岡正剛氏との共著『ヴィジュアルコミュニケーション』（講談社、七六年）にまとめられている。

氏のこうした関心がダイナミックに投影された作品に、今日まで折に触れて発表されてきた「変形地図」や「味覚地図」などの地図、それに平凡社『百科年鑑』のダイアグラムがある。

その代表作が「時間軸変形地図」。たとえば東京を中心にして、交通機関を利用した場合の日本各地への最短到達時間を求めて地図化すると、日本列島に予想をはるかに超える奇妙なゆがみが生じる。こうした知的作業は新鮮な驚きに満ちている。

杉浦氏にとって地図の魅力はどこにあるのだろう?

「僕の場合、建築を勉強したでしょう。建築では、まず、建築物を設計してその意図を人に伝えるために、設計図をたくさん引かなくてはいけない。設計図というのは、建築の図面を見ればわかるように、まあ一種の建築の『解体』なんですね。解体していろんな角度から建築を見直す。外観はもちろんのこと、中の鉄筋の配置とか、設備、配管、それにコンセントの位置をどうするかとか。インテリアだと内部のテクスチャーをどうするかも指示しなければならない。そういうふうにひとつの空間を多様な視軸で見取って、図面化して表現していく。そのひとつひとつを施工してくれる人に渡していって、最終的に完成体としての建築が現れる。デザインの修業をする過程で、僕は十分に設計図的思考法を叩き込まれた。だから、ある存在を説明するための手段として、まず図で解くという訓練が基本として染み付いているわけですね。

ところで地図というのは、世界全般について、その目に見える姿を表すものなんですが、僕の場合には目に見える世界ではない、その内部にあったり、全体の奥に潜んでいてもうひとつ透視したときに初めて見えてくるような、目に見えない事象の地図化に次第に興味をもち始めていくのですね。

もう少し説明すると、地図というのは、一般的に俯瞰した状態で描かれる。たとえば、大地の広がり、その上の人間の振る舞いといったものを、天に目を投げ上げて見降ろすという、上からの視点で描くわけです。だが、僕が興味をもつ図は、地上で暮らす人々の振る舞いが主題になっている。ひとりひとりの振る舞いを軸にすると、世界がどのように変容していくか、個人個人の行動ないしは主観が逆に世界をどう捉え返していくか、そういう地図をつくりたいという願いが、終始一貫した観念になっている。それが成功しているかどうかは別にしてですが……。

平凡社の『百科年鑑』でさんざん試みた地図やダイアグラムも、平凡社の編集スタッフがそういう視点でこだわってくれて、民衆の日常が炙《あぶ》りだされるようなデータの蒐集をし、その視覚化を試みていったわけですね」。

――『百科年鑑』のたとえば七六年版を開くと、病院勤務の二十四歳の女性の「つつましやかに営まれる」生活を、ある一日の行動をとおして精細にたどった美しいダイアグラムが載っている。これも新しい「民衆地図」の具体例であろう。

地図にはこのほか「犬地図」のように、独自の創意が横溢する試みが含まれている。動物好きの杉浦氏はかつて十五年間、ダックスフント種の犬を飼っていたが、その行動を間近にしているうちにヒントをつかんだもの。犬の視線と同化したときに明らかになる世界像の変化を、大胆に図式化している。

「目に見える事象だけではなく、五感を刺激して生起するできごとを、感覚・知覚の軸を

杉浦康平デザイン：『季刊銀花』誌表紙　文化出版局　1971年

杉浦康平ブックデザイン：『百科年鑑』平凡社　1977年

ずらして捕らえることで明らかにしたい……。そのことで世界をもう一度リフレッシュできる。感覚の軸をずらすことを積み重ねると、初めて全体的な存在に触れることができるのではないかという、ひとつの実験なんですね」。

――なお、このダックスフントが死んだとき、夫人が車で軽井沢の別荘の庭に埋葬するために向かったが、杉浦氏は犬と別れがたくて、とうとう大宮付近までいっしょに付いていってしまったという。杉浦氏らしいやさしい心根が伝わるエピソードである。

6　音楽との親和　デザインがかもしだす五感相互の共感覚

――杉浦氏の作品と対峙すると、魂が浄化されるような至福感に包まれるように感じられる。美しい音楽の調べに接したときの「癒し」にも似た深い味わい。それは氏の作品の背後に息づく豊かな音楽性によるものではないであろうか。事実、杉浦氏ほど音楽に親しんできたデザイナーはいないであろう。以前、谷川俊太郎氏は、若き日の杉浦氏が、聞いた音楽の曲名などのデータはもとより、演奏時間の何分、何秒まで克明に記録していることに驚いたと回想していたことがあった（前出『季刊タイポグラフィ』第二号）。

たしかに杉浦氏は初期のころから、音楽への造詣を生かして、レコードジャケットやポスターなど音楽関連の仕事にすぐれたデザインを残してきた。アジアの民族音楽への関心が加速され、近年は、自らインド古典音楽などの公演プロデュースにも取り組んでいる。

氏にこれまで音楽にどのように親しんできたのか尋ねてみた。

「育った環境を考えると、僕のオジは歌舞伎の俳優だったから、小さいころからよく三味線や長唄、あと日本舞踊の訓練をさせられた。オジにはお弟子さんが多く、そういう人たちに混じってでしたが。だから、子ども時代から、洋楽だけでなくて邦楽もしょっちゅう鳴り響いていた。でも、そういうものが決して好きだったわけではなくて、イヤな不気味なものだという感じだった（笑）。それは小学校の音楽教育がすでに西洋的だったということでしょう。

そういう下地があったからだと思うけれど、高校のときに、すでにバリ島やモンゴル、インドなどのアジアの音楽を古レコード屋で探し出して聞いていましたね。そのころはアジアの音楽などにはだれも見向きもしなかったので、戦争中に出ていたレコードがとても安く手に入った。お小使いやバイト代で買えたんです。

もうひとつの接点はドビュッシー。この作曲家は、バリの音楽や東洋的な音の響きを取り入れている。僕はドビュッシーが好きで、そのこと自体にも、僕のアジア性ということがあった。だから、東洋の音楽とアジアの音楽が矛盾なく同時に入っていた」。

――その後、杉浦氏は、アジア音楽に現地でじかに触れる。

「レコードでは拾い切れない『音場』というか、音の場の熱気に、霊的なものをヒシヒシと感じて感動したわけです。けっきょく、今の録音は西洋音楽に適した装置。たとえばバリ島の音を録音しようと思ったら、低い方では、五ヘルツとか一ヘルツの超低音を捉える装置でない限り意味がない。現地に行ってみると、そういう地鳴りのような音とか、風のように吹き過ぎていく音がいかに大事かということが、ものすごくよくわかる。それがアジアの音楽を非常に強靭なものにしているわけです」。

——具体的にアジアの音楽から何を学ぼうとしているのだろう。

「アジアの音楽から学ぶことは自然との一体感だろうか。西洋音楽の場合には、外界の音を遮断する音楽会場という場があって、そこで聴衆と音楽家が出会い、儀式のように始まる。だけど、アジアの音楽は、大自然のただ中でいつのまにか音楽が開始されて、どこからとも知れず聞こえてくることもある。だから、開始のベルが鳴り聴衆が静まるのを待って始まるものではなくて、そこに聴衆がいようといまいと開始される。それは演奏する人たちの、一種の閃きとか霊感によっている。その霊感は何によって起こるのかというと、ただならない自然の振る舞いに感応して始まってしまうのです。

その音楽は何のためにあるかというと、基本的には神々に捧げるものなんです。つまり、人の耳に届かなくてもいい。もうひとつ大事なことは、音が鳴り響いていると、たとえば蛙がケロケロ鳴き出したり、蛾がいっぱい飛んできたり、動物が寄ってきたりする。要するに生き物すべてを喜ばせる音楽なんです」。

——そういう音楽とのかかわりを実際のデザインにどう反映しようとしているのでしょうか？

「ふつう、デザインは見るものだと思われているけれど、僕の場合は見るものでもあるし、聞くものでもあるし、食べるものでもあると考えています。ブックデザインの場合でもそういう五感を総動員して感じるものにしたいという考えです。

今も、教えている学生たちに『五感をひらく』というテーマの授業をしています。視覚だけでなくて、聴覚、味覚や臭覚がちょっと違うかたちで揺さぶられるような深い複合作用に注目している。つまり、基本的には、音楽とのかかわりというよりも、五感相互の一種の『共感覚』というような感じです。

僕はそれをデザインの方法にしていて、たとえばその象徴として『味覚地図』のように五感を視覚化しうると考えている。だから、僕にとっては音楽だけを主題にするということではなくて、あらゆる感覚が視覚を中心に表現されることが望ましいと思っています」。

7　ブックデザインの実験　本は視覚、触覚、臭覚を活性化する複合宇宙

――杉浦氏のデザイン活動の核をなしているのがブックデザインであることに誰も異論はないであろう。

氏はずっと渋谷に住んでいるが、その理由は渋谷周辺に古書店が多かったからだと、かつてじかに聞いたことがある。生来の本好きなのだ。くわえて、本というメディアへの全幅の信頼。氏がブックデザインに狂おしいまでの工夫とエネルギーを傾注してきたのもうなずけよう。

杉浦氏はまた「私は近年、ポスターを積極的に手がけようとは思わない」といいきったことがある（「現代日本のポスター」展図録、富山県立近代美術館、八二年）。デザインの華ともいうべきポスターの特権性に疑問を呈したのは、杉浦氏が初めてではなかろうか。

その理由を解説してもらおう。

「なぜかというと、ポスターは一枚の紙で、しかもその片面しか使わない。裏面は、面積あたりいくらだという利権をもつ壁に貼られて、表面だけで存在している。つまり三次元のものを二次元に還元してしまう。だけどポスターの紙を何回か折り畳んでいくと、三十二ページの小冊子になったり、六十四ページの文庫本サイズになったりする。その六十四

ページの紙を文字や図像でうめてゆくともっと深い響きをもつものになるのではないか……というのが僕の考えです。

ポスターは見ることが基本。ポスターをいきなり触りにいく人は少ないと思う。だが本は触覚ともかかわり、開くとたちまちインクの匂いや紙の匂いがする。羊だったら紙を食べちゃうので、味もあったりするだろう……という具合に、本は多感覚的メディア。それが僕には魅力であるわけです。そういう五感を触発する物体としての本に興味をもつし、本はそういうものでありたいと思ってデザインしている」。


——ブックデザインのボキャブラリーをほとんどひとりで塗り変えてしまったのが杉浦氏。氏が長く手がけてきた東京画廊（東京銀座）のカタログも、六〇年代の初めから、果敢な実験を積み重ねていることに驚かされる。また、すでに見てきた文字への明察にたつ、タイポグラフィ上の革新的手法の開発は、後続世代に決定的な影響を残してきた。

地球軸の傾斜角と一致させた表紙デザインの傾斜（『季刊銀花』）とか、「小口」に星雲や星座が現れる『全宇宙誌』（工作舎、七九年）における「小口の発見」など、氏が投入した創意と工夫は枚挙に暇がないほど。しかも、それらの新機軸がたんなる思いつきでなく、それぞれ独自の哲学の反映されたものであることに思いを馳せたい。

今回は、その中のひとつ、普通であれば排除される雑音的画像に積極的な意義を見出してデザインに投影してきた例を解説していただこう。

杉浦康平アートディレクション：松岡正剛ほか編『全宇宙誌』工作舎　1979年
〈上〉小口を左側にずらしていくとアンドロメダ星雲の図像が浮きでる。
〈下〉逆に右側にずらすと現われる、イギリスの天文学者、ジョン・フラムスチードの星座表

「世界が雑音の中からやってくる……という考えも、僕がアジアから学んだことの一つです。世界の構成要素の一番微小なところに微塵、無数の細かい塵《ちり》がある。これは古代インドの人々や古代ギリシャの哲学者によって考えられているんだけれど、とくにアジアでは旅行するともう、塵から逃れることができない。ちょっと歩くと、持ち物の隅々に小さい埃が入り込んでくる。その埃は、いってみれば、私たち自身をも構成している埃でもあって、あらゆる生命体は微塵からできているという考えがある。そうすると、図でも文字でもそういうゴミ、つまり微塵の中から出てきたのではないか。それで僕はごく初期から、ゴミを多用している。いってみれば星屑もそうで、ゴミや星屑のような雑音的なものがデザインの主役になっているんです」。

――第二次『エピステーメー』誌（朝日出版社、八四〜八五年）では雑誌全体にノイズがある。ページレイアウトをページごとに変えて、模様のずれを小口にノイズ状に浮き立たせたり、散乱した文章が、だんだん詰まっていって、最後はまた散乱していく蓮實重彦さんの小説もある。この雑誌はエディトリアルの未開領域をきり開く実験場だったようだ。

「ノイズパターンの発展形が『ライプニッツ著作集』（全十巻、工作舎、八八年〜）。見る角度によって、箔押しされた○と△がグループ化されてキラキラと光る。全体としては小さな点だからわからないけれど、これもライプニッツのモナド論からヒントを得てデザインしたもの。箔は一般にはタイトル文字に多いけれど、僕のところではこういう塵を散らすときに使うことが多いですね」。

――映画的手法を引用した例もありますね。

「蓮實さんの『映画の神話学』（泰流社、七九年）は、字の中から写真が現われ、また、字の中に消えていくという、映画のフェイドイン、フェイドアウトの方法を本文中で採っている。メディアの変遷のただ中にあって、本はやはり読まれなくなるんじゃないかという心配がある。だったら、要するに相手のメディアのいいところはみんな取りこんでしまえ……という発想。萎縮している必要はないですからね」。

〔追記〕本編には最終章（第八章）として「最新デザイン」があるが、ほとんど杉浦氏のモノローグに近いかたちになっており、筆者のコメントが添えられていないので割愛させていただいた。ここで杉浦氏はデザイン教育のあり方、デザインの現状等について、「自らの世代のもっていた価値観をきちんと示すことが大事」とする観点から率直な意見を述べ、最後に、万物照応する図像をとおして、人間文化の奥深さを取り出す作業をこれからも続けていきたい、とする抱負で結んでいる。

貴腐の香りを引き立てる補色の美学――羽良多平吉の色彩術……

「書容設計」(「書容」とはなんと柔らかい響きだろう)と、自ら名づけたブックデザインや雑誌のエディトリアルデザインの仕事で熱狂的ともいえる信奉者をもつ羽《は》良《ら》多《た》平吉氏。氏の世界に接していつも感じるのは、グラフィックデザインがこれほどに豊かなニュアンスとディテールを持ち得るのかという驚きである。

戦後のデザイン界を支配したのがモダニズムのテーゼであったことを考えると、七〇年代初めから活躍を続けている羽良多氏の独自性は明らかだと言ってよいであろう。〝貴腐の香り〟とでも言うのであろうか、貴族的ダンディズムを極める氏の芳醇な世界こそは、合理性だけを表現要素として還元したモダニズムが切り捨ててきたものだからである。

一方で最近の氏は、現代のデザインが論理を欠いた過剰な自己拡大を演じている状況に抗して、〝新しいミニマリズム〟を模索しつつある。後に触れる白泉社文庫『月の子』に明らかなように、シンプルかつ、クリアな結晶体を連想させる清涼感ある構造化は、氏にとってのミニマリズムの確認作業として、新たな方向を強く印象づけるものと言えよう。

一九四七年東京都生まれの氏は東京藝術大学工芸科に学んだ後、すでに触れたように出版デザインを中心に活動を展開していたが、七五年に東京吉祥寺の画廊で「虹色科学展」と銘打った原画展を開いて注目された。反近代的ともいえる特異なメッセージ性に加えて、タイトルからも想像されるように、不思議な象徴性を帯びた色づかいは、新しい才能の登場を予感させるに十分なものだった。〈甘美な誘惑体〉とでも形容したい、氏に特有の色彩感覚がこの時すでに躍如としているのである。

その後の氏は、タイポグラフィへの独自のこだわりと、それに有機的に関連づけられる色彩のコスモロジーによって、かつてない地平を切り開いていく。前者のタイポグラフィについては本稿では詳述する余裕がないけれど、今は散逸して存在しない丸ゴシックなどの金属活字資料を掘り起こして採り入れるなどの実験的な試みを、氏は飽くことなく繰り返してきたことを強調しておきたい。

独自の色づかいの拠りどころとなるのは、氏の場合、旅先などでよく「色彩観光」することだという。「仕事で京都に行く機会が多いんです。僕にとっては京都はひとつの外国みたいなもので、いろんなものの見え方が違ってくる。ヨーロッパにもよく行きましたが、使われている色が日本とは微妙に異なる。基本的には光が違うということなんでしょうね。人間の黒い目と青い目の違いということもあるのでしょう。フランスでは緑色がまったく違います。

そういう自然科学的な条件からくる違いはいろんなところに潜んでいて、若いころはそれに気づいて博物誌的な色の使い方をしようと心がけたことがありましたが、でもそれを完全にやろうとしたら大変なことになってしまう。ですから、できるだけいろんなものを見るようにし、いいと思う色彩の拠りどころをはっきりつかんでさえおけば、あとはその応用でしかないと思うわけです」。

氏の指摘する〈拠りどころ〉とは、感覚だけに頼っていては〈色彩のことば〉を十分に引き出すことができないことを意味している。

「『感覚』ということばが出てきてしまうと、非常にあいまいなものになってしまう。だから、感覚自体に探りを入れていく必要がある。色のもっているイメージだとか概念も民族によってずいぶん違います。日本でいう〈藍〉は、アメリカではネイヴィーブルーといった海軍の色になるというようにですね。〈紫〉も、非常に高貴な色であるとともに、それと背中合わせして卑俗な色にもなる。同じ紫でも、どのような明度と彩度と色相のなかに矢印を立てるかでまったく違ってくるんですね。ですから、これはスタッフにもよく言うんですが、色を選ぶということは、きちんと方向をつかんで、イメージ（実像）を明確にすることにほかならない、と」。

こうした氏の色彩に対する傾倒がみごとに実を結んだ代表例が、インディーズ系マガジンの伝説的存在として今もって語り草となっている八〇年創刊の『ヘヴン（ＨＥＡＶＥＮ）』（群雄社）であった。自販機本ではあったが、氏のこだわりが貫きとおされた、色彩を含めたヴィジュアル展開は、インディーズ系雑誌におけるエディトリアルデザインのいわばプロトタイプとしての栄誉を担い、後続の世代にも圧倒的な影響を及ぼしていくこととなった。

透明感あるハーフトーンを基調として、それに精選された補色を対比させる氏の色彩術は、近作においても一段と精彩を放っている。

色の交響曲のような華麗なグラデーションを示している柳美里の戯曲『グリーンベンチ』（河出書房新社、九四年）。ますむら・ひろし『青猫島コスモス紀』（朝日ソノラマ、九七年）は、トルコ石を思わせる浅い緑青色（浅葱色）などの微妙な色調の採用に加えて、何段階ものアミ掛けパーセント指定によって、独特のマチエールを獲得している。

サブカルチャー系での印象的な仕事も依然多い。負のイメージの強かった自販機本を『ヘヴン』が逆転させてしまったように、軽く見られがちだったこのジャンルのデザインの空白を、時代に先駆けて埋めてきたのが羽良多氏である。氏の本領がいかんなく発揮できるジャンルなのだ。

ストリート・マガジン『クイック・ジャパン』（太田出版、九四年創刊）は、卑俗とすれすれのきわどい地点で、氏ならではのきめ細かい色づかいが光っている。

故長井勝一が六四年に創刊し、戦後漫画史にひとつの時代を築いた『ガロ』（青林堂）の表紙デザインもまた、漫画雑誌に対する固定観念を覆すに十分な贅を尽くした仕上がりである。表1の上部に二ミリ間隔で配したケイ線間に色指定した九層の色のヴァリエーション（九五〜九六年）などは、雑誌を手に取った読者を至福に導かずにはおかないだろう。

漫画文庫として根強いファンをもつ白泉社文庫は、創刊時から基本となるフォーマット

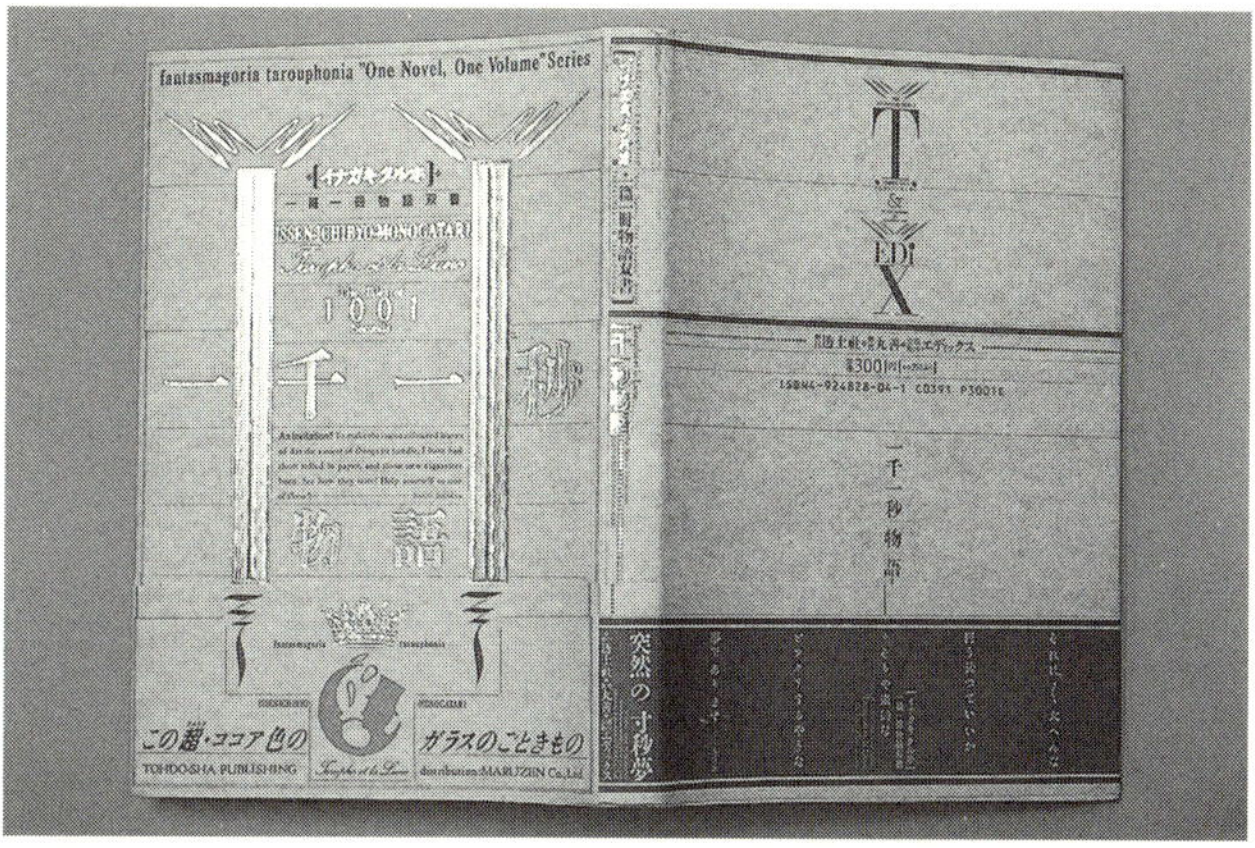

羽良多平吉ブックデザイン：稲垣足穂『一千一秒物語』透土社　1990年
（1991年度「講談社出版文化賞」受賞）

羽良多平吉ブックデザイン：柳美里『グリーンベンチ』
河出書房新社　1994年

を手がけ、ほぼ全点にわたって表紙デザインを担当している。最新刊の清水玲子『月の子』シリーズ（一、二巻既刊）は全八巻の予定であるが、全巻のカラーリングがすでに決定ずみで、既刊分はそれに添った指定がなされている。

こうした羽良多氏の周到な色彩計画は、すでに藤原カムイ＋寺島優の『雷火』（スコラ、九七年完結）シリーズ等でもおなじみであるけれど、コンピュータを使った『月の子』ではさらに表1のタイトル（写植書体の秀英体）に表紙画と一体となったカラー処理が施され、立体感を寄り添わせていることが目を引く。秀英体はデジタルフォントに入っていないので、画像として取り込み、それを加工している。

すでに触れたように、羽良多氏は補色の取り合わせの名手だ。天性の資質に加えて、日ごろの努力の積み重ねも見逃せない。

「二十代に『虹色科学展』をした時に、なぜそういう名称を付けたか意思表示しなくてはいけないと思って、十九世紀フランスの小説家、ジュール・ヴェルヌが古代の色彩について書いている本を古書店で見つけて、その中の気になった部分を原稿用紙に書き写して部屋に飾ったりしていました。いま思えば虹色科学というのは、つまるところ補色を考えることだった。色環のこちら側にある色と向こう側にある色とがどう関係し合うかというところから、色彩情報の出どころがはっきりするのではないか。いつでも、使える色とその補色を考えるようにしています」。

その具体的な日常の訓練として、氏はユニークな試みをしている。色見本帳をばらばらに解体して、再構成していることだ。

氏が好む色見本帳に大日本インキ（DIC）の「フランスの伝統色」がある。繰り返しになるが、氏の色づかいには日本人離れした特有の透明感がある。色彩学研究者の小町谷朝生氏がかつて〈西欧文化における透明色への傾倒の優越〉を指摘していたけれど（『色彩のアルケオロジー』勁草書房）、西欧の色彩体系と羽良多氏の親和の関係はうなずけよう。

ところが、このフランスの伝統色は色相順に並んでいない。そこで、氏は全部チップをばらして、色相別に分けてファイルとして整理し、再構成しているというわけなのだ。

同様に、他の大日本インキのレギュラータイプの色見本帳も、見やすいようにと番号順にファイルとして移し替えている。

加えて、氏はスタッフとともに特色を決定する際のシミュレーションを日頃繰り返し試みている。中心となる任意の色をひとつ選び、その補色として対位したい色はどれかを、内容によって一応の座標を決めた上で、幾通りかの組み合わせをサンプリングしていくのだ。

「デザインの作業をする上で、色彩をどう設定するかは日常茶飯事です。その場合の共通言語として、カラーチップなどの材料がある。それをそのままピッと切って使うのが普通なんでしょうけれど、ちょっと待ってほしい。その前に、まず自分のチャートをつくることをぜひお勧めしたいですね。そうすると、いろんな現場に対応して、すぐに基本となるイメージを起ち上がらせることができるようになるんです」。

氏が色彩を重視するのは、メジャーなメディアばかりではなく、きびしい採算ラインにあるインディーズ系の仕事に積極的にかかわってきたことも大きいだろう。「カラーリングというのは即ち、マーケティングなんです。色指定のできないデザイナーはそれができないと同じです。色彩感覚が優れていればできるというわけでもない。色彩を含めた情報がコミュニケーションしていくプロセスを整えることができ、そのコミュニケーションが商業的にも一応成立したということが結果として現れたときに初めて、マーケティングとしてのカラーリングがうまくいったと言えるのではありませんか？」。

さて、羽良多氏はこれまで手がけた仕事の指定紙をコピーして保存している。最近カラーコピーでの保存も始めた。いずれはこれらをまとめて一冊の本にまとめたいともいう。それと平行して、本格的にマッキントッシュを動かし始めた九六年の春から、イラストレーター上でカラーデータをファイルとして保存し、デジタルによる色指定に随時援用する態勢を整えつつある。

今年五月に京都芸術短期大学で特別講義を依頼されたときも、ファイルに保存しておいたデータで色づけしたオリジナルポスターを制作し、事務所のプリンターで数枚刷って持参したところとても喜ばれたという。

デジタル化を踏まえた、氏独自のカラーファイルの蓄積も着々と進んでいるのだ。羽良多氏は、色彩表現は結果よりもプロセスが大事、感覚ではなく〈認識〉に基づく作業だと熱っぽく語る。このように色彩にも余人の追随を許さぬ独自の美学をもつ氏が、デジタル表現を手中にして、これからどのような新たな展開を見せるのか、大いに注目されるところだ。

Ⅲ

装幀の現場から

平野甲賀――書き文字による装幀

グラフィックデザイナーの平野甲賀氏が、木下順二著『本郷』（講談社刊、一九八三年）のブックデザインで、このほど第十五回（一九八四年度）講談社出版文化賞を受賞した。同書は、著者が生まれ育ち、いまなお居住する東京・本郷が舞台。土地への深い愛着をとおしての自己形成をつづった教養小説《ビルドウングス・ロマン》として、高い評価をえたものだ。

装幀を見てみよう。まず、外函いっぱいに黄を全面に敷き、それをバックに、黒を基調とした書き文字で〝本郷〟と大きく刷られている。文字はスミのほかに、もう二色使われている。クロス装の表紙の背には、外函の背と共通の書き文字でタイトルなどが入り、表紙両面には、〝本郷〟のふた文字の画線が、バラバラに切り離されて散っている。一見、アトランダムに置いたかのようだが、よく見るとその絶妙なアンサンブルに驚かされる。しかもこの〝画線〟は色のせをしていない型押しで仕あげられているために、注意してながめないと、それと気づかないほどにさりげない。

氏のブックデザイン全体の特徴は簡潔なよそおいにあるが、ここでもほかの要素を排除した書き文字だけによる構成が、じつにシンプルだ。書き文字（レタリング）はこのところ

平野甲賀装幀：受賞作の木下順二『本郷』講談社　1983年
佐藤信『嗚呼鼠小僧次郎吉』晶文社　1971年

氏が多用する手法。〝本郷〟も、小説の背景とかさなる一九二〇、三〇年代に多く使われた意匠に通底する表情をそなえてはいるものの、過去への過剰な思い入れを断ち切るかのように、フチを直線でカットしているところなど、まぎれもない平野流書体となっている。

平野氏は一九三八年東京の生まれ。武蔵野美術学校在学中の一九六〇年に、当時新人デザイナーの登龍門として絶大の権威を誇っていた〈日宣美〉展で特選（後藤一之氏との共作）。卒業後は、高島屋宣伝部入社というエリートコースを歩む。

しかし、演劇運動と、創立間もない出版社の晶文社と関わりをもつことになり、高島屋をまもなくやめてフリーに。氏にとっての一大転機であった。下世話で恐縮だが、演出家であり、同社の創立メンバーでもある津野海太郎氏の表現を借りると、「いつ会っても、ポケットの中味はしわくちゃの五百円札と百円玉がいくつか」といった経済的苦境にも立たされたようだ。

氏は以来、晶文社刊行物のほぼすべての装幀にたずさわる。わが国の出版史上、ひとつの出版社が、社外の一人のデザイナーにすべてのブックデザインをゆだねるというのは、前例のないことだろう。氏はその幸運に恵まれるとともに、従来のブックデザインにはない新しいスタイルを築きあげる。慎み深い神経をゆきとどかせるため、それとはっきりわからせるといった態の仕上げではないにもかかわらず、生理的に感受できる、しめやかな綿密さとでもいったらよいだろうか。その綿密さを内に秘めた清新な構成に、みずみずしい知性のきらめきをぬり込めたデザイン……。

ことに、氏の文字組みのたくみさは、タイポグラフィの名手と呼ぶにふさわしい。明朝体組みの場合が、読売特太明朝＋民友社見出しがな明朝、ゴシック体組みの場合が、読売特太ゴシ＋民友社見出しゴシの組み合わせは、まさに平野イズムの独壇場となる。漢字にくらべやや太めのかなに特徴があり、古典的かつ骨太な品格と量感をかねそなえたフォーマットとして、現代のブックデザインにおけるタイポグラフィの一典型をかたちづくった。いまのブックデザイナーで、文字組みに新しいポリシーを確立しえたのは、杉浦康平氏を別格とすれば、ほかにこの平野氏ぐらいのものではないだろうか。

さて、最近の仕事には、にわかに書き文字によるものがふえてきて、氏の新生面をみせてくれている。以前から書き文字への指向はあったようだが、著者・出版社との関係のなかで、自身にふっきれるものがあって使いはじめた、と氏は語っている（『写研』No.60より）。その例をいくつかあげてみると、前述の『本郷』をはじめ、『父』（平凡社）、『夢の砦』（新潮社）、『大コラム』（同）、『エプロンが消えた朝』（主婦の友社）など、晶文社のものでは〈犀の本〉〈晶文社セレクション〉シリーズなどと、じつに多い。切り絵風のもの、太細の極端な変化のあるもの、太ペンでいっきに書いたものなど、いくつかのスタイルに分類できるが、どれにも氏の個性があざやかに刻印されている。きどりのない洒脱な表現ながら、品性を失わぬところはさすがというべきだろう。

なお、氏のレタリング歴は、私たちの目に触れる機会は少ないのだが、晶文社周縁文化ともいえる、演劇センター68／71や、作曲家・高橋悠治氏主宰の水牛楽団のポスター、パンフレットですでに多く試みてきたもの。長い蓄積に立っての、現在の展開であることを付記しておきたい。

最近十年間だけでも、千三百冊の装幀を手がけたという。年に百三十冊のペースである。年内に装幀集の刊行も予定されていると聞く。今回の受賞とあいまって、氏に二度目の転機が訪れようとしているようだ。

田中一光——一九八六年度ADC会員最高賞受賞

東京アートディレクターズクラブ〈ADC〉主催の一九八六年『年鑑広告美術』（美術出版社、一九八六年）収録作品の選考で、田中一光氏が〈平凡社『原弘』のブックデザイン〉によってADC会員最高賞を獲得した（同書の構成・レイアウトにあたった江島任《たもつ》氏も同時受賞）。

田中氏は、いうまでもなく、わが国グラフィックデザイン界のリーダー格。昨年も〈日本のグラフィックデザイナー12人展〉ほかのポスターでADC会員賞を受賞しており、そのゆるぎない成熟した仕事ぶりには、あらためて目を見はらされる。受賞作の『原弘――グラフィック・デザインの源流』（平凡社、一九八五年）は、十年余の療養生活ののち、今年（一九八六年）三月二十六日に、八十二歳で逝った原弘氏の主要作品八百余点を収めている。活字の美しさをひきだした装幀で、戦後出版史をいろどる造本を数多く残し、約二十年の長きにわたって東京国立近代美術館のポスターを手がけ、さらには新しいファンシーペーパーの開発、タイポグラフィの研究家、武蔵野美術大学教授としての活動など、モダニズムのパイオニアたちのなかでも、いかにも信州人らしい知性派として、今日に至るデザインのさまざまな「源流」点で重要な業績を達成した氏の全貌が、くまなく照射されている。

田中氏が、健在だったころのデザイン評論家、勝見勝氏（故人）から「原君の仕事をまとめてくれよ」と依頼され、この大冊の企画が実質的にスタートしたのが七年ほど前。以来、作品の整理、数次にわたる祐乗坊宣明氏、亀倉雄策氏ら編集委員との討議、収録作品の決定、全体のプロット、今回の賞の対象となった装幀と、刊行にむけて氏は中心的な役割をはたしてきた。深みと渋みのある七色の帯で構成されている外函は、原氏にふさわしい色をイメージして、染め紙（和紙）をケープ状に切り、写真で二倍近くに拡大したもの。そのために、繊維がくっきり浮き出ているのが印象的だ。そして、水彩紙マーメイドを使った表紙は、いまやその職人がいなくなりつつあるフランス装。本文は使用用紙が六種類におよび、版式も活版、オフセット、グラビアを併用しているのが特徴だ。「〝ブックデザインの神様〟みたいな人の本をデザインするわけですから、とても緊張しました」と田中氏はいうが、用紙と印刷に吟味をつくした本づくりは、この道の偉大なる先達、原氏の作品集にふさわしい。

「今の若い人たちのデザインは、表面の意味をくみとる方向ではすぐれていても、マテリアルに対する神経はあまり払わないでしょう。それは時代の流れだからやむをえないと思いますけれども、僕から上の世代というのは、こういう素材感はだいじにしましたからね。触覚の世界を装幀に生かせれば、と思いました」とも氏は語る。そして、江島氏の周到なレイアウトにくわえて、まさに画龍点睛《がりょうてんせい》の感を深くするのが、外函・表紙・扉・本文あとがきの四個所に、それぞれ大きく効果的に使われている、田中氏がレタリングした、〝原弘〟の二文字だ。氏はここ十数年、西武美術館のポスターを中心に、横線が細く、縦線が肉太の〝和文ボドニー〟ともいうべき独自の明朝体漢字をこつこつと書き続けてきた。この〝原弘〟もその延長上にあり、つややかな品格と力強さをあわせもった表情はまことに魅力的だ。原氏もまた、近代美術館のポスターなどで、みずからの書き文字による明朝体をよく使っていただけに、この作品集が存命中に完成できたこととともに、レタリングの名手でもあった同氏への、田中氏の彫心鏤骨《ちょうしんるこつ》のオマージュといえるだろう。

八三年に『亀倉雄策のデザイン』(六耀社)の構成・装幀、八五年に『早川良雄の世界』(講談社)の編集・構成、そして今回の『原弘』と、戦後デザイン史の重要な担い手であり、「作品のうえで影響を受けた人ばかり」という三人の作品集を田中氏はつぎつぎと手がけてきた。それぞれが地味な仕事ゆえに、今回の受賞も「思ってもいなかったんです」と感慨

田中一光――1986年度ADC会員最高賞受賞

田中一光ブックデザイン：原弘『原弘――グラフィック・デザインの源流』
平凡社　1985年

深げだ。田中氏は、原氏とは日本デザインセンターで二年半いっしょだったが、年齢的にはちょうど息子の世代に相当する。さる四月十六日に、青山葬儀場でとりおこなわれた原氏の告別式で、デザイン界を代表するかたちで田中氏は壇上に立ち、「古いことから、とびきり新しい風俗まで」さまざまな教えをうけたことから、「自分たちの父よりも、はるかに父らしい贈物をくださった原先生」とはなむけのことばを送った。田中氏にとって、このたびの〝精神的な父〟の業績のとりまとめは、自身のデザイン活動の検証にも大きな示唆を与えてくれたことだろう。

一九三〇年に奈良市に生まれ、二十代後半から、日本の伝統造形をみずみずしい解釈で現代に生かしきった産経観世能や文楽のポスターによって、一九六〇年前後のグラフィックデザインの世界に鮮烈な衝撃を与えた田中氏。以来、氏は一貫してデザインの王道を歩んできた。ライトパブリシティ時代の後輩にあたる和田誠氏が、「亀倉さんのつぎにくる巨匠となると（中略）やはり田中一光氏になってしまう」と『デザイン』誌に書いたのは、田中氏がまだ三十七歳の若さのときだったが、まさにそのとおりに、デザインの核心を凝視した洗練された活動で、この世界を背負ってきたのは、周知のところ。環境デザインからインテリア、パッケージ、CI、ブックデザイン、エディトリアル、さらには広告、ポスターと、仕事の幅広さにおいても抜きんでている。

そして現在は、西武池袋店九期増築計画（七五年完成）以来のかかわりである、西武セゾングループが展開するプロジェクトのトータルディレクターとしての役割が、全体の仕事の七〇パーセント近くを占める。最近では、シブヤ西武〈シード〉や所沢西武の環境デザインをとりまとめ、今秋から来年にかけては、銀座一丁目、テアトル東京跡にできるセゾングループ系ホテル内劇場のデザイン計画が待っている。

「西武の仕事は、自分がデザインすることよりも、コーディネイトするとか、プロデュースすることが多いものですから、それと自分の手作業の部分をどう両立させるかが、数年来のテーマであり、ジレンマですね。でも、デザイナーというのは、考えようによっては、こういう活動体そのものがデザインかなと思ったりするんです」というが、つぎつぎとおいかけてくる巨大プロジェクトをきりまわしながら、一方で、PARCO劇場（旧西武劇場）などのポスターに見られるように、作家としての創造性もきちんと燃焼させている。京都市立美術専門学校（現・京都市立芸術大学）時代に、同級生の粟辻博氏の目に「全身が感受性」と映った田中氏。シャープで若々しく、柔軟なセンスに、ますます円熟味が増しているようだ。

［追記］田中一光氏は二〇〇二年一月十日に逝去した。

田中一光――1986年度ADC会員最高賞受賞

大竹伸朗――一九八七年ＡＤＣ最高賞受賞

いわゆる〝ニューペインティング〟の、日本における旗手と目されている美術家の大竹伸朗氏が、画集『《LONDON/HONCON》1980』（用美社、八六年）のブックデザインとエディトリアルデザインによって、「一九八七年度ＡＤＣ最高賞」に輝いた。周知のように、ＡＤＣ賞は東京アートディレクターズクラブ（ＡＤＣ）が主催して、『年鑑広告美術』収録作品の選考と審査にあたるもの。権威と伝統をになう賞として、そのクオリティの高さは海外からも折り紙つきだが、最初の刊行が一九五七年だったから、今年度はちょうど三十年目の節目を飾ることになる。大竹氏の受賞は、氏がこれまでデザイン分野では実績のない三十代前半（一九五五年東京生まれ）の若手美術家だけに、より刺激的だ。デザイン界に清新の気を吹き込むもの、といってよいだろう。

受賞作は、氏が八〇年にロンドンとホンコンの街頭で描きとめた鉛筆画をもとに、同じく両都市で集めた、雑誌グラビアやラベル、包装紙、切符などさまざまな印刷物をコラージュ風に配した画集。同書には普及版と、豪華本である限定版との二種類あるが、受賞対象となった限定版のほうには、印刷紙面のうえにさらに、これら収集品の断片が、じっさいに貼り込まれているのが見どころだ。収集した紙片をまとめて縮小印刷したものを、氏みずから切り抜いて貼り込んだもので、一部ごとに仕上がりがちがっている。破れた紙片は破れたなりに切り出していくから、機械には頼れないというように、ぼう大な手作業の集積からうまれた画集であり、いうならば各冊がオリジナル作品だ。「いまの印刷技術は発達しているけれど、僕はあまりそういうのを信用していない。利用するところは利用したいけれど、絶対に頼りたくない、という部分があるから、人間の手のほうが、はるかに機械よりもおもしろいと思う」と氏はいう。

一方、「利用」のほうで成功しているのが、バーコ印刷と呼ばれる浮き出し印刷だ。熱処理で樹脂をとかして浮き出させる特殊印刷で、ページ上に紙片をセロテープで貼りつけた状態を、セロテープが変色した質感までもふくめて再現するもの。ポスターやチラシなど、一枚ものでは使われているが、ページものでは前例がないということで、氏が何度も印刷現場（光村印刷）に足を運んで検討を重ね、問題点をクリアーしたうえで実現に及んだ。

こうして〝一応〟の完成をみた画集には、そのうえに、じっさいに手書きで鉛筆線が加えられ、ナマのセロテープが付け足され、どれが印刷で、どれが実物なのか「自分でもわからない」と氏がつぶやくほどの交錯を示す。機械にゆだねた部分と手の痕跡とが複雑にいりまじり、時間的にも空間的にも重層した構造は、画集の既成概念を内側からつきくずすような強烈なインパクトをもっている。従来の画集が〝アート・ブック〟とすれば、むしろこれは東野芳明氏のいう〝アーティスツ・ブック〟にちかいメディア性をもつもの、

大竹伸朗ブックデザイン：大竹伸朗『《LONDON／HONCON》1980』
用美社　1986年

といえるだろう。画集から発散される祝祭的ともいえるイメージの乱舞と、黒一色にまとめられた寡黙《かもく》な外函デザインとの対比もあざやかだ。

大竹氏は武蔵野美術大学に入学してまもなく休学し、北海道の牧場で一年ほど働いた経験をもつが、七七年にはロンドンに渡る。フィルム現像所などで働きながらの絵の勉強だった。「金もなくて、ことばも満足にしゃべれなかったけれど、知り合った人がみないいヤツばかりで、すごくラッキーだった」と回想する。このときの、デイヴィッド・ホックニーとの出会いは有名だ。「紹介されて会ってから、なにかを教わるというわけではなく、絵をもって、日曜日ごとに会いに行った」。ホックニーに代表されるブリティッシュポップアートと、そのころ出てきたパンクロックからの感化は、氏に大きな影響を与えた。大学卒業後の八〇年に、この画集に結実する再度の渡英ならびにホンコン滞在があり、つづいて八二年の初個展で一躍、ニューペインティングの寵児《ちょうじ》的な評判をよんだのは記憶に新しい。

八〇年代に入って、世界に共時的に台頭したニューペインティングだが、氏はその関連作家としていっしょくたにカッコにくくられることについては「どうでもいいこと」というう。ただもちあげるだけに終始し、ニューペインティングに対してきちんとした評価をくだそうとしないジャーナリズムに対しては批判的だ。これも、自己のアーチストとしての立脚点を、冷静に客観視することができるからこそだろう。ところで、ついでながら、呼称などどうでもいいという氏には恐縮だが、世上、ニューペインティングの作家といわれる大竹氏と、横尾忠則氏、日比野克彦氏の三氏が、こぞってＡＤＣ最高賞を受賞しているのは、興味深い暗合である（横尾氏七三年、日比野氏八三年受賞）。

大学同窓のデザイナーで、同じ用美社から出版された菱沼良樹氏のファッションブック『風光衣服』のアートディレクションをつとめたことから、大竹氏と版元との仲介役となった石浜寿根《としね》氏、その石浜氏が独立前に勤務していたことから知遇をえた田中一光氏、さらには中学時代からの親友で、大竹氏がみずから組んでいるロックバンドのメンバーでもあるデザイナーの野本卓司氏など、デザイン界との人的なつながりがないわけではないが、今度の受賞を機会に、デザイン的な仕事にまで手を染めるつもりは、いまのところないという。今回のデザインも、あくまで自分の画集だから、という限定つきだ。「へんにアートとデザインとイラストレーションをクロスオーヴァーさせるのは逆効果だと思う。むしろ、もっといい意味でのぶつかりあいがあったほうがよい」ともいう。

「まだまだ自分でもわからないところがいっぱいあるし、いろんなことをためしてみたい。いまのところ絵を描いているのがいちばんたのしい」と、当分は画家としての創作活動に専念するかまえだ。

菊地信義——昭和六十三年度講談社出版文化賞受賞

ブックデザインの既成のヴォキャブラリーをぬりかえ、新しい感性にもとづく豊かな地平を切り開いて、いまもっとも脂《あぶら》がのった活動を展開している装幀デザイナーの菊地信義氏が『高丘親王航海記』と講談社文芸文庫のブックデザインで、このほど「昭和六十三年度（一九八八）講談社出版文化賞」を受賞した。

『高丘親王航海記』（文藝春秋、一九八七年）は、故・澁澤龍彦氏の最後の小説。自由奔放な想像力がつむぎだした独自の境地は、現代文学のひとつの到達点として高い評価をえたものだった。文芸誌上での連載完結後に澁澤氏は逝ったのだが、単行本とするにあたっての菊地氏への装幀依頼は、じつは未亡人あてのメモに記されていて、通夜の席で初めて氏はそれを知らされたという。氏を指名したのは、氏が装幀した前作の短編集『うつろ舟』（福武書店、八七年）を作者がことのほか気に入っていたからだった。受賞作品の外函を飾る、エキゾティシズムの横溢するイラストは、十六世紀の中国景観図集の一葉だが、見返しに使われている作者作成の航海図とともに、「菊地に図集を見せるように」「菊地に見返しに刷ってもらうとうれしい」と、やはりメモに託されていた。

菊地信義装幀：受賞作の澁澤龍彦『高丘親王航海記』
文藝春秋　1987年

菊地信義装幀：吉増剛造『オシリス、石ノ神』思潮社　1984年

菊地氏の装幀は、故人が用意してくれた素材を、周到な配慮のもとにいくつかの修整を加えつつ生かしきり、このたぐいまれなロマネスクの内実とひびきあう器としてまとめあげている。菊地氏にとって故人は、十八歳のときに出会って以来、多大の影響を受けてきた先達のひとりだが、今回の仕事について「僕の前にも澁澤さんの本の装幀では、先輩たちがいい仕事をしている。いちばん年下の弟に回ってきちゃったみたいで、責任を感じました。五万部に届いたと聞いてうれしい。売れるのが、いちばん好きですから」と素直に喜びを表わしている。幽界の澁澤氏も、さぞかし満足していることだろう。

もうひとつの受賞対象となった講談社文芸文庫は、現代文学の名作を永続的に提供しようとするもので、八八年二月に創刊。菊地氏は、ここで表紙などの基本コンセプトからカヴァーまで、すべてを手がけている。そのカヴァーは、スミと特色の二色による印刷に、書名を銀パク押ししただけの、いたってシンプルな造本。ハク押しは細かく試算してみたら、文庫本でも可能なことがわかったという。華美をきそう文庫戦線への一撃だ。「いまの文庫の戦場では、絵さがしをしても、それで人目をひけるほどおおらかではなくなっている。それならコストパフォーマンスしちゃおうということですね」と、いかにも菊地氏らしいたくらみの所産であった。

カヴァーはまた、ほとんど文字だけの構成。そのうちの書名はいまや菊地氏の手法のトレードマークのひとつとなった、いわゆる「ボケ体」のものが多い。自著『装幀談義』でも、氏はくわしく言及しているが、これは写植機械のレンズの位置をずらすなどの操作によって、文字の輪郭をボヤッとさせたもの。「写植の書体がファッションのようにふえた。するとデザイナーは新しいもの探しで、だれより先に『ナール』を使うか、『小町』を使うかというのが新しいという幻想をつくっていった。どうもそれはおかしいぞ、それをなんとかカッコつきにできないだろうか、というのが最初の発想ですね」と氏は力をこめる。

一九四三年東京都生まれの菊地氏は、多摩美大を中退後、コマーシャル畑で約十年間広告づくりにたずさわる。独立前は広告制作会社のリーダーだった。その地位を投げうち、七七年に、まったくのゼロからのスタートでブックデザイナーとして自立。目標は、未成熟な分野と氏が考えた文芸書の装幀だった。やがて「いちばん思い出深い出会い」となる中上健次とのめぐりあいがあり、七九年に『水の女』(作品社)を手がける。以後、二十点ちかく担当することになる中上作品の嚆矢《こうし》だった。同年の『光速者』(同)は、著者・埴谷雄高の脳の断層写真を使った衝撃的なデザイン。全国紙でも紹介されるなど反響もおおきかった。「ぼく的な発想がはじめて世の中と切り結べた」というように、いわば氏のデビュー作。ついで翌八〇年の、山口百恵の自伝『蒼い時』(集英社)の成功は、氏の存在をよりポピュラーなものに押しあげた。

ややもすると、デザインの操作性が先行しがちな旧来の作法に対して、テキストを深く読みきることで、その内実に内側からしなやかに寄り添うところに氏のデザインの本領があり、新しさがある。これまで装幀には使われたことのない、新しい紙の果敢な採用でも多くの成果を残している。

「ブックデザインというのは、絶対にテキストに対するある種の批評だと思います。ものをとおしての批評でしかありえないわけですから、どう読むかが答え。もうひとついえば、どういう読者を想定するかという、二重の批評行為なんです」。

ほぼひとまわり年長の杉浦康平氏につづいて、装幀の歴史に新たな「神話」を築きうる思索力をそなえた菊地氏である。

山崎 登——一九八九年度第二十四回造本装幀コンクール文部大臣賞受賞……………

豪華本や事典類を中心に、数々の堅実で格調高いブックデザインを世に送り出してきたグラフィックデザイナーの山崎登氏（日本デザインセンター勤務）が、このほど「一九八九年度第二十四回造本装幀コンクール」において、『日本語大辞典』（講談社）の装幀により、他の関係者とともに文部大臣賞に輝いた。山崎氏はこれで、三年連続で同賞受賞を果たしたことになるが、これは、同コンクール史上初めての快挙である。

造本装幀コンクールは、日本書籍出版協会と日本印刷産業連合会の主催。二十四年の長い歴史をもち、「より美しく、よりよい本づくり」を目標に、装幀造本をとおして出版文化の向上をはかる趣旨で、毎年おこなわれている。文庫本から豪華本までの、あらゆる出版物を対象に有識者が審査をし、文部大臣賞ならびに通産大臣賞、東京都教育委員会賞の有力三賞のほかに、いくつかの賞が授与される。ブックデザインのみならず、編集技術、印刷、製本もふくめた本づくりの、総合的なできばえを問うのがこのコンクールの特色である。

『日本語大辞典』（八九年刊）は、わが国で初めてオールカラー化に踏みきったことばの辞典として評判をよんだ。全ページ四色オフセット印刷で、カラー写真や図版をふんだんに配した、実用情報重視のつくり。当初、山崎氏には出版元から、先行する小学館の『言泉』（八六年、菊地信義装幀）や三省堂の『大辞林』（八八年、杉浦康平装幀）とは異なるデザインコンセプトで、との依頼があったという。販売戦略上の差別化の必要性からいっても、当然の要請ではあろう。

山崎氏の装幀は、「日本語」と「大辞典」の三文字ずつを、字間をあけて左右にゆったりと配した外函が、余白をたくみに生かしたタイポグラフィでまず目をひく。バックの意匠は、山崎氏の上司であった故・原弘氏のコレクションである特殊な和紙の、マーブル模様に似た不定形なパターンを写真に撮って使ったもの。四色の別版でボカシをつくっておいた地の上に、銀色でそのパターンを再現している。メリハリのあるタイポグラフィと、優

山崎登——1989年度第24回造本装幀コンクール文部大臣賞受賞

山崎登装幀：梅棹忠夫ほか監修『日本語大辞典』講談社
1989年

美で節度ある装飾性をそなえたバックとが、みごとに一体となったデザインである。「題字が三文字、三文字だったのでらくだった。余白となるアキは、あったほうが広がりがでるからね」と山崎氏。

カヴァージャケットは、パールインクをひいたうえに、背に題字をスミのせし、つや消しのP・P（ポリプロピレン）をはったシンプルな構成であり、表紙はクロス装で背に題字を金パク押ししているが、山崎氏らしいこだわりを示しているのは、既述の外函の書き文字。カヴァー・表紙に使われている、写植文字による題字と同じに見えて、じつは外函の題字は、氏が書きおこしたもの。「始めから書いた。本が大きいから、写植を拡大してももたないんですよ」と、ヘヴィスモーカーの氏はたえず紫煙をくゆらせながら、屈託のない物《もの》言いで意図をうちあける。

山崎氏が長らくアシスタントをつとめた原弘氏は、レタリングの名手としても知られた。すこしクセのある、独特のフィーリングをもつ明朝体が、東京国立近代美術館のポスターや豪華本の題字によく使われたものだった。山崎氏も、そのフィニッシュワークを受けもつ機会の多かったことから、自然とレタリング技術をわがものとしていったのであろう。『日本語大辞典』の題字も、骨格のたしかな堂々たる明朝体である。書体の多様化をきわめた写植文字の恩恵に浴していればことたりる現在のグラフィックデザイナーの、文字造形力の貧弱化は、若い世代ほど顕著になっているが、こうした趨《すう》勢にあって、山崎氏は書体デザインがきちんとできる、例外的存在のひとりに挙げられよう。

山崎登——1989年度第24回造本装幀コンクール文部大臣賞受賞

造本装幀コンクールは、各年度の出版文化のバロメーターとなる由緒ある催し。歴代の文部大臣賞受賞作には、第五回『雲根志』(築地書館、杉浦康平装幀)、第七回『世界版画大系』(筑摩書房、原弘装幀)、第九回『葡萄弾—遍在方位について』(美術出版社、加納光於ほか装幀)、第十二回『伝真言院両界曼荼羅』(平凡社、杉浦康平装幀)、第十九回『文字の博物館』(白水社、田中一光装幀)など、造本と装幀の新しい気流をさし示す、高水準の達成がズラリとならんで壮観だ。通算の最高が杉浦氏の五度。次は原弘氏の三度とそれぞれさすがであるが、ここ数年の山崎氏の活躍にも特筆すべきものがある。

第二十二回の『秘蔵浮世絵大観』(講談社)、第二十三回の『中国の博物館［一］新疆ウイグル自治区博物館』(講談社)、そして今回の『日本語大辞典』とつづく文部大臣賞三年連続受賞は、先にもふれたように初めての偉業。「たまたまついていただけ」と山崎氏はそっけないが、この間に前後して、第二十一回で『棟方志功板画全柵』(講談社)が日本印刷産業連合会会長賞、第二十三回で『日本語百科大事典』(大修館書店)が通産大臣賞に輝いている。氏の安定した力量を、いかんなく証するものだろう。講談社刊行の三著はいわゆる豪華本であるが、ともにすみずみまでに周到な配慮が払われ、渋味のある落ち着いた仕上がり。『日本語百科大事典』は、派手さこそないが、明快なデザインがさわやかだ。ことに、バックに日輪をボケ色で大きく配した処理は、みずみずしいイメージの喚起力をひめている。

山崎氏は一九四五年生まれ。四十代のなかばにあるわけだが、若々しい挙措はある評にあったように、まさに万年青年のおもむきで、ナイーヴな人柄をしのばせる。さて、その山崎氏が都立工芸高校図案科を卒業して日本デザインセンターに入社したのは六四年、東京オリンピックの年だった。出身校の先輩でもある原弘氏のアシスタントにいきなり抜擢され、七五年に原氏が、旅行先のクアラルンプールで倒れるまでの十余年間、「ブックデザインの神様」とうたわれ、モダニズムを基調に一時代を画するデザインをうみだしつづけた巨匠のもとで、与えられた業務をまっとうした。山ほどの仕事をかかえていた原氏が突然倒れたのちも、その後処理に奔走し、十年余の闘病生活の間、原氏のディレクションのもと、山崎氏が具体化したブックデザインの数は少なくない。

こうした原氏との、曲折をへた「師弟関係」から、世間は当然のことながら、山崎氏を原氏の後継者と目《もく》しがちである。しかし山崎氏は「原先生の世界は、マネしようとしてもできない。先生の影響もありましたけれど、まだ自分のものにできていないし、まだとても先生の域までいきません」という。かつて故・勝見勝氏がいみじくも「原君の仕事には、彼一代限りで終わる芸といった趣がある」と評したことがあるが、山崎氏もまた、原氏の膝下にあってその偉大さを身をもって味わったからこそ、前記のような発言につながるのであろう。山崎氏の身分が、「弟子」であるよりもまえに、まず日本デザインセンターの一社員であるという組織上の立場にも、私たちは配慮しなくてはならないだろう。また、流動と散乱の度をくわえる現在の装幀の多様な光景を考えるとき、氏が歩むであろう方向と可能性を、「原弘の後継者」というひとつの枠組みだけでしばるのは、酷というものだろう。

年間平均で百二十冊から百三十冊の装幀を手がけ、日常業務の九〇パーセントがそれに集中しているという山崎氏。画集・事典ほかの大型本のみならず、年鑑、文芸もの、理数系、経済学関係など、多彩なジャンルとかかわり、いまや日本の代表的な装幀デザイナーのひとりに数えられる。ただし、氏は自己の手法やポリシーを多弁するタイプではない。内容の視覚化への苦心にしろ、タイポグラフィの追求、紙質・インクほかの材料の吟味にしても、氏の姿勢にはこれらすべては「プロならあたり前のこと」といった心意気が感じられる。ことばにこそ置き換えないが、ブックデザインを進めるうえでのノウハウや感性は、血となり肉となって、氏のうちに身体化されているのだ。きたえぬかれたクラフトマンシップのなせる自信であろう。

山崎氏のデザインは、一見したところ地味なものが多い。しかし、ほどよく抑制のとれたオーソドックスな本づくりに徹している。いうならば、玄人受けする仕事であり、目の肥えた人ほど、氏への評価が高いのもうなずけよう。その意味では、原氏の世界と奥深いところで共鳴しあっているようだ。

「原先生は原先生。自分は自分」と山崎氏はいう。親子以上の年齢差があり、それでなくとも無口な人であった原氏。アシスタント前半期は「こわくて何もしゃべれなかった」と山崎氏は回想する。こうした「隔たり」も原氏とのあいだに、一定のスタンスをとらせる一因であろうか。とはいえ山崎氏は、「原先生の教えは、僕のなかで今なお生きています」と明言する。むしろ原氏がきわめた「芸」の世界を、いったん突き放して客観視することで、その豊かな地平を、山崎氏は新しい時代にふさわしい装いとして、いまによみがえらせているのだ。表層的なそれではない、誠実な筋道にたったほんとうの意味での継承を、山崎氏は果たしつつあるように思われる。

〔追記〕なお、山崎氏はその後一九九八年に独立、山崎デザイン事務所を設立して今日に至っている。

太田徹也――一九九二年度原弘賞・ＡＤＣ賞受賞……

書籍や雑誌のエディトリアルデザインを中心に、ＣＩマーク、ロゴタイプなどの制作と研究著作、ダイアグラム表現などに及ぶ活躍を着実に積み重ねてきたグラフィックデザイナーの太田徹也氏が、『都市と建築コンペティション』全七巻（三宅理一著、発行・講談社、発売・文献社、九一年）のブックデザインにより、このほど一九九二年度ＡＤＣ賞（東京アートディレクターズクラブ主催）の〈原弘賞〉に輝いた（ＡＤＣ賞とのダブル受賞）。

原弘賞は、東京ＡＤＣの中心メンバーとして大きな足跡をしるした故・原弘氏の業績を顕彰して、八八年度よりＡＤＣ賞内に設けられ、各年度におけるすぐれたエディトリアルワークスを対象に選考を行なっている。

受賞作『都市と建築コンペティション』は、一七九〇年代から現代に及ぶ代表的な建築・都市計画コンペの作品集。ネオ・バロック様式の精華であるパリ・オペラ座や、セセッション（分離派）運動の秀作「ウィーン郵便貯金局」などをへて、近くはポンピドゥセンターや関西国際新空港等の超話題作まで、世界の建築シーンを彩り、時代をリードしてきた重要な設計競技五十二アイテムを、約千八百点の図版によって総覧する画期的な集成だ。太田氏は全巻にわたり、外函を含む装幀と、トビラから本文（約千七百頁）、奥付に至る構成を手がけている。

現在のブックデザインは一見華やかではあるが、製作過程での効率化が進み、職人の払底も加わって、画一的な造本に呑み尽くされようとしているのが実情だ。受賞作からは、こうした大勢に抗し、本づくりの本来あるべき姿にこだわる太田氏の心意気がひしひしと伝わってくる。

まず、表紙では、ヒラ（平）と呼ばれるオモテ表紙を、ビニール・レザーとクロスの異素材でつなぐ「つぎ表紙」にし、そのヒラの標題は、カラ押しでいったん落としこんでから、別紙に箔押ししたものを手貼りで貼っている。本文ページでは、各アイテムごとに、片観音開きと、いわゆるしおりに相当するような「折り込み」とをペアにして取り入れ、全体の流れにメリハリと奥行きを添わせ、より立体的に見せようとしている。とりわけ観音ペ

太田徹也ブックデザイン：三宅理一著『都市と建築コンペティション』全7巻
講談社　1991年

ージなどは、「製本的にむずかしいと言われたが、これを実現させなかったらこの本はよくならない、とこれも無理を言ってとおしました」と太田氏は述懐する。

以上はいずれも入念な手作業を介する工程を踏んでおり、後にも触れる吟味を尽くした素材の選択とあいまって、品格のある確固とした存在感をもつたたずまいに凝縮されている。

「グラフィックデザイナーはいつも平面で仕事をしていますが、本は立体だから唯一のプロダクトデザインだと僕は思っている。背やヒラから、本を開いたときの本文の扱い、あるいはそれらの素材の兼ね合いをいつも重要に考えている。一般的なことではあるけれど、こういうことを知っておくとおかないとでは本づくりが違ってくるわけですから」と太田氏。

このほかにも同書には氏の蘊蓄《うんちく》が幾重にもおりこまれている。

判型は当初、A3判正寸の予定であったが、コンペ作品集のため、タテ長とかヨコ長の資料がひんぱんに入ってくるので、ヨコを少し截《た》った変型判にしている。「正寸だと本の特徴が出ないし、截ってなおかつ『つぎ表紙』にしてスリムに見せたかった」と氏は意図を述べる。

掲載される写真や図面、資料類には、古いものと新しいものでは二百年以上の隔たりがあり、当然のことながら精度と調子に違いのあるさまざまなものが入りまじっている。これらを印刷段階でいかに互いに歩み寄らせ、調和させるかが、氏の腕の見せ場となった。

本文用紙にクリームがかったマット系のＤＸダイヤペーク（三菱製紙）を使用。「古いものは新しく、逆に新しいものは古く見せ、全体が違和感なく見られる印刷物とする」（太田氏）ための配慮だった。あらかじめモノクロはすべて紙焼きを起こして一点一点チェックし、製版時には、あまりシャープネスを効かせず、できるだけトーンをそろえる方向にもっていくよう指示した。四色分解との印刷効果上の落差をせばめる目的で、モノクロの多くを二色のダブルトーンと平アミの組合わせで刷り、少しでもカラフルに見せる工夫も試みている。加えて厳密に設定されたレイアウト・フォーマット。これによって、図版類および英訳文も併載した本文の処理が、みごとなバランスと緻密さのうちにまとめあげられている。

以上見てきたように、太田氏が受賞作のはしばしに注いだ気遣いには尋常ではないものがあるが、さらに驚かされるのは、自費で実際に海外まで足を運び、現存している掲載建築物を自らの眼で確かめていることだ。ハイテク建築の傑作、香港上海銀行（香港）だけでも三度通ったほか、主なところでは英国国会議事堂（ロンドン）、パリ・オペラ座、ウィーンの国立オペラ劇場、ストックホルム市庁舎等、十二、三ヵ所に行っている。その折に氏が撮った写真のなかには、従来見落とされていた建築学的に貴重なカットが含まれていることから、全七巻のうちのかなりに使われているほど。

「見ておくのとおかないのとでは編集のときに全然違ってくる。一度見ておくと、編集者との対話もどんどん進んでいく」と氏は言い、次のように補足する。「いままでのデザイナーは装幀ぐらいしか任されなかったが、最近は中の内容にまでわたって編集者といっしょに仕事ができるようになったことがうれしい」。

従来のブックデザインの概念を突き抜けて、よりトータルなかたちで本づくりにかかわっている太田氏の姿勢が、こうした積極的な行動にかりたて、結果として、派手さこそないが、入念をきわめた密度の高い建築書に結集させたのであろう。事実、この受賞作はヨーロッパの書籍市でも好評を博し、単なる建築コンペ集を超え、美術書として買いたいという引き合いがいくつかきている。

一九四一年に宮崎県に生まれた太田氏は、よく知られるように、田中一光氏のデザインにあこがれ、同氏が教鞭をとっていた桑沢デザイン研究所に進み、卒業と同時期に同氏がフリーとなったことから、請われてスタッフに加わり、十二年間にわたって恩師と貴重な時間を共有した。田中氏が日本デザインセンター在籍時の上司であった原弘氏の仕事に深い理解を寄せていたと同じく、「孫弟子」にあたる太田氏も原氏の仕事、とりわけ造本における練達の芸に私淑してきた。

「本というのはただページを繰ってみるだけでなく、自分の手で触ったときのぬくもりから中味を解読していくというところがある。原先生の本はどれをとってもそのことが伝わってくる」と氏は言う。過去の原弘賞受賞作がどちらかといえば時代の最先端を走る作品で占められていただけに、ベーシックな方法論を貫いてきた氏は今回のＡＤＣ賞も「出品するのに気が引ける」感じがしたということだが、思いがけず舞い込んだ大きな栄誉。これまでのオーソドックスな取り組みが報われたことは、氏にさらなる自信を植えつけることになるだろう。

「僕自身、エディトリアルの仕事は、田中先生の事務所に入った当初から、みっちり仕込まれました。編集者やカメラマンとの付き合い方とか、編集の進め方までも含めて——。そういうことが、今回の仕事で花が開いたのかなと思います」。

数々のブックデザインや、『太陽』（平凡社）、『アプローチ』（竹中工務店PR誌）などに代表されるエディトリアルとともに、太田氏が持続して情熱を注いでいるのがダイアグラム（統計・数理のヴィジュアル化）とCIマーク・ロゴだ。

ダイアグラム表現は、各種企業のアニュアルの制作をとおして、長年にわたって手がけてきた。端正でシンプル、かつ抑制のとれたその多彩な展開は、ダイアグラムに新たな生命を吹き込んでおり、九一年二月にギンザ・グラフィック・ギャラリー（東京・銀座）で行なった個展でも魅力を十分に堪能できたものだった。六〇、七〇年代をピークに、わが国デザイン界のダイアグラムへの関心は劣えているだけに、「グラフィックデザインの核《コア》」（太田氏）をになう分野に高水準の成果を残している氏の存在は貴重だ。

CIマーク・ロゴにも氏にはあまたの充実した実作があるが、制作と並行してその研究と収集に献身してきた。CIブームのなか、各企業のずさんな管理により散逸しつつあったデータを八方手を尽くして集め、現在に至る移り変わりを展望した成果が『CI＝マーク・ロゴの変遷』（六耀社）。田中一光氏の序文に「現代の紋帖」という形容があるように、六百八十社を超すマークの潮流を一望した労作である。八九年の刊行後も氏は目配りを怠らず、このほど改訂版を出したが、氏のところにしか保存されていない資料も少なくない。「だれかがやらないといけない。しかも僕で終わってしまったらだめなんです。十年、二十年とひき続いて息長くやってくれる人が出てきてこそ歴史として残ることができる」と氏は決意を語っている。

今後は海外にも目を向けた収集にあたりたいという。とりわけ、アジア圏に注目したマーク集の公刊が氏の夢だ。

祖父江慎――『杉浦茂マンガ館』で平成九年度講談社出版文化賞受賞……………

このほど発表された平成九年度（一九九七年）講談社出版文化賞のブックデザイン部門で、書籍デザインを中心に活躍している祖父江《そぶえ》慎氏の受賞が決まった。対象作は『杉浦茂マンガ館』全五巻（筑摩書房、九三～九六年）。〈サザエさん〉の故長谷川町子と同じ田河水泡の門下で、新感覚の痛快なギャグを武器に、一九三二年から六〇年以上に及ぶ驚異的な活動を継続している、一九〇八年生まれの八十九歳、最長老漫画家の初の本格的な集大成である。

「自分でも気に入っていた仕事なのでよかったと思います。ただしこれは、杉浦さんと編集者をはじめコレクター、編集協力者、印刷、製本と、いろんな方々の愛情のこもった本です。ですから、代表者としてもらったというところですかね」と祖父江氏。控えめな感想であるが、思いどおりの結果を残せた氏の充実感は、余人の想像を越えるものがあろう。

この集大成は、祖父江氏が知り合いの人から預かっていた杉浦漫画の原画が『杉浦茂のちょっとタリない名作劇場』（全一巻、装幀＝祖父江氏）として九三年に同社より刊行されたのを機に発展したもの。氏自身が当初から深くかかわった企画だった。しかし、これまで他社からいくつか刊行された「全集」に内容的に満足のいくものがなく、杉浦氏の出版界への不信感は強かったという。それを打ち消すためにも、氏と関係者が一丸となった力の傾注ぶりは並ではなかったが、それが素人目には分かりにくい部分の多いところがまたすごい。逆にいうと、それだけ完成度が高いことの証である。

もとの漫画が掲載時に横一段のものなどはサイズを変えて構成し直したり、不鮮明なものは修整を加えている。造本上の工夫も多岐にわたる。見返し、扉の用紙と意匠を各巻ごとに変えている。三巻の見返しがステレオグラムになっていることに気づいた人は、はたして何人いるであろうか？　本文ページの用紙選定と印刷にも細心の注意が払われた。吹き出しの状態の悪いものは掲載時の印刷状況を勘案して、当時にふさわしい書体と組体裁

祖父江慎——『杉浦茂マンガ館』で平成9年度講談社出版文化賞受賞

祖父江慎ブックデザイン：杉浦茂『杉浦茂マンガ館』第1巻
カバー（上）と表紙（下）
筑摩書房　1993年

で直した。杉浦氏自身すでにその存在すら忘れてしまった作品もあるという初期傑作集（第一巻）の吹き出しには、当時としてはいちばん理想的な和文タイプを採用した。

「当時のままを求めると、ただアンティークな感じになってしまう。そういう匂いを消しながら、いい部分を残していくことが大事だと思うんです。でも、そういう労力を見えるようにすると、逆に粋じゃないですよね。僕はこういうデザイナーですよというように、デザインが先に立っちゃうと、読者が内容に入りにくくなってしまいますから」。

書き下ろし作品も収めて完結した集成は、こうした努力が、伝説的漫画家の魅力を鮮やかに再現している。若い世代を含めた広い層の支持を得たのもうなずけよう。

祖父江氏は、五九年愛知生まれ。名門校、県立旭丘高校美術科から多摩美術大学を中退して、出版社の工作舎に入社した。

このとき荒俣宏氏の『本朝幻想文学縁起』（同社、八五年）の装幀を担当したことから、八八年にフリーになって以後も多くの荒俣本の装幀を手がける。『VR冒険記』（ジャストシステム、九六年）では、荒俣氏から「ツッコミではなく、ボケの本であって欲しいんだけれど、それをできるのは祖父江さんしかいないんですよ」といわれたという。荒俣氏の信頼の厚さと、祖父江氏の柔らかな感性を物語る挿話だ。大学の先輩の漫画家、しりあがり寿《ことぶき》氏との学生時代からの付き合いが契機となり、漫画本の装幀も実に多い。オーソドックスなデザインから、ときに破天荒なまでの逸脱ぶりを示す仕事まで、幅広い対応力は氏ならでは。

「楽しくて、粋で、丁寧、これがモットーですね」と氏は言う。そして、ユーモア感覚に包まれた言葉つきと軽妙な物腰。豊かな感受性に恵まれた才人である。

早川良雄――〈マーメイド〉の質感・量感・色みを生かして……………

ほほえんでいる顔、きりっと正面を見据えている顔、憂いをふくんだ顔、ちょっとすねたような顔……。さまざまな魅力あふれる表情をたたえる「女の顔」を眺めていると、流れているエンヤの、天上をたゆたうがごとき音楽とあいまって、幸福の感情にあたたかく包み込まれる特別の時間がそこには流れているかのようだ。

一九一七年生まれで、八十二歳を数えるイラストレーター、デザイナーである早川良雄さんの、新作十八点を中心に近作を加えた発表が、九九年九月から十月にかけて、東京・銀座のクリエイションギャラリーＧ８で行なわれた。タイトルが「絵・加・減」展。人を食っているようでいて、なんともほんのりとした命名である。

それにしても八十歳を越えて、デザイン界の大先達の世界が一段とみずみずしさを加えているのは驚きだ。さらに輝きを増した早川流女性讃歌……。手法的にも軽いタッチのもの、厚塗りのもの、コラージュなど実に多様な試みをしている。その早川さんの創作の秘密をうかがうために、鎌倉のお宅を訪ねた。古都らしい緑が映える住宅街にあって、夫人の梅さんの丹精を込めた庭花がなお彩りを添えている。

開口一番、今回の新作制作について早川さんは「いい経験をしました」という。変化をつけることをメインテーマにして、ギャラリーでのディスプレー効果をも考えた作品づくりにあたったが、「それが変化のための変化にならないよう、現在の僕の絵として恥ずかしくない完成度あるものにしたかった。ですから、変化と完成度の折り合いをつけながら、全体のシンフォニーを目指す、その格闘が今回の実験のすべてでしたね。こんな経験は初めてでした」。この前向きの姿勢こそ早川さんの創作活動の源泉となっているのだろう。

早川さんの活躍は戦前の一九三七年に三越百貨店大阪支店に入社したことに始まるが、本格的なスタートは復員してのち、四八年に近鉄百貨店宣伝部に入ってから。その斬新なデザインは、「関西に早川あり」と東京のデザイン界に衝撃を与えたものだった。

敗戦直後はデザイナーにとって生命ともいうべき紙事情が極端に悪かった。仙花紙といわれた粗悪な用紙ぐらいしか存在せず、早川さんも苦労したという。とはいえ、急速な経済復興とともに好転するのも早かった。竹尾は、四九年に〈NTラシャ〉を二十四色でスタートさせ、翌五〇年には木炭紙をヒントにした〈STカバー〉を発売している。故・原弘さんの協力を得て、その後も竹尾がファインペーパー開発のリーダーシップをとってきたのは周知のところ。

ところで早川さんは、印刷を通して原画をポスターなどに定着する時に、どのような紙を選んでいるのだろうか。

「僕は紙に関しては保守的なんです。あまり目移りしないで、冒険もしてこなかったと思います。アート系の紙は装幀には使いますが、一般的にはマットな紙にひかれます。その場合、インキの発色は鈍いですね。でも、僕は原稿至上主義者ではないんです。校正の時に印刷所の方が原稿通りに出ていなくて……と、恐縮していることがよくあるんですが、僕は『これでいいんですよ』というケースがほとんどです」。

早川さんの印象に強く残る紙は、先に記した〈STカバー〉だという。長らく愛用されてきたスタンダードな紙である。竹尾とのかかわりでは、八三年に出された不定期刊行の見本帳『Paper & print series』の創刊号で〈こもん〉のためにイラスト十一点が使われている。また、今回の新作展のチラシには〈ヴァンヌーボ〉シリーズの別抄《すき》が使用されたが、同シリーズがマットな風合と高い印刷適性をそなえているだけに、その仕上がりには満足しているという。

イラストのほかにも、これまで豪華本を中心に数々の印象深いブックデザインを手がけてきた早川さん。その白眉は特製限定版として出版された『エーゲ海に捧ぐ――木内克《きのうちよし》ローマ臘《ろう》型全作品』（ウナックトウキョウ、七五年）だろう。〈マーメイド〉で「束《つか》」をつくり、その中心部分をくり抜いて実際の彫刻作品を納めている。〈マーメイド〉特有の質感と量感、

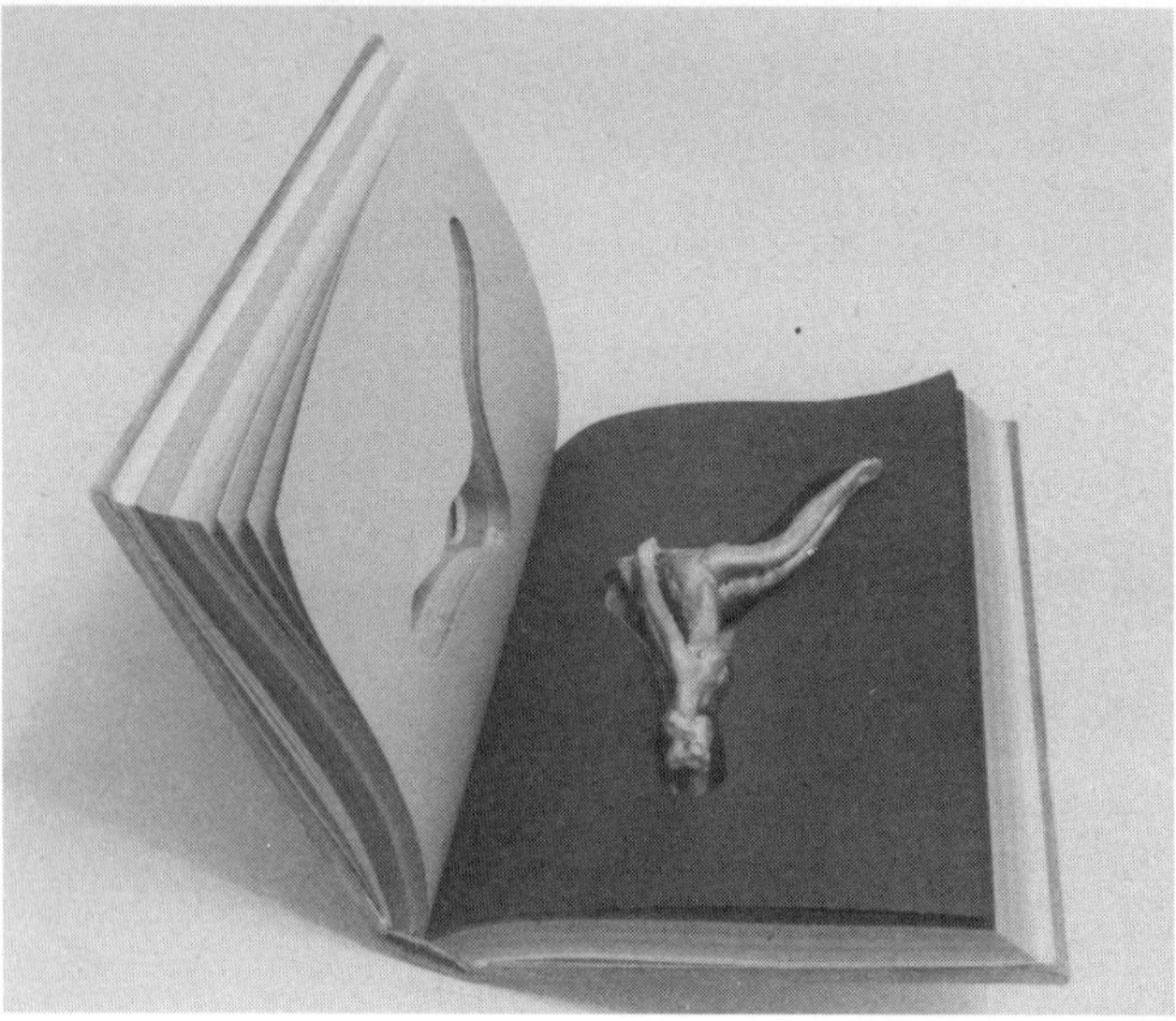

早川良雄ブックデザイン：木内克『エーゲ海に捧ぐ――木内克ローマ臘型全作品』ウナックトウキョウ　1975年

それに豊富なカラーヴァリエーションを生かし切った大胆きわまりない造本として奏効している。

早川さんのチャレンジはなお続く。来年（二〇〇〇年）には、ライフワークである「形状」シリーズの第九回目の新作発表が予定されている。存在自体デザイン界の宝ともいうべき早川さんの旺盛な活躍ぶりには、本当に心躍る思いがする。

Ⅳ

システム・構造と用紙

タイポグラフィの変遷・写植

「私は写真植字が大へん好きです。
とくにそのミンチョウにつよい魅力をおぼえます　なんといっていいか、私はそれに詩をさえ感じてかなしいもの、ように眺めてしまいます　写植のミンチョウの群れには、他に求め得ない清潔感がみなぎっています　なんという透明なやさしさが憩んでいるのでしょう。(後略)」(『アイデア』一〇号、誠文堂新光社)

これは一九五五年に、山城隆一が書いた文章である。山城は九七年に七六歳で逝ったが、戦後のグラフィックデザインの興隆をになったパイオニアのひとり。金属活字による活版印刷が主流の時代に、写植文字への共鳴をうたったこの文は新しい感受性の登場を示すものだろう。デザインのほかにコピーと詩を書いていた山城らしいやわらかな文学的感性がにおいたっている。

そして重要なのは、山城がこの文に象徴される写真植字へのういういしい感性をヴィジュアル化したポスター「森・林」(森林運動のポスターのための試作)を同じ年に制作していること。戦後を代表する秀作であるこのポスターは、「森」と「林」の二文字だけで構成されており、大小の変化と重ね打ちによって、写植の特性を生かしたクリアな空間性と、詩心あふれる作品となっている。とくに下方四分の一ほどを「へ」の字をさかさまにしたような形にあけたすぐれたレイアウト感覚は、グラフィックデザインにおける新時代の到来を予感させるに十分なものがある。

さて、石井茂吉と森沢信夫が、邦文写植機の特許を取得したのは一九二五年（大正一四）だった。関東大震災の翌々年のことである。ふたりは翌二六年に写真植字機研究所（後の写研）を設立し、二九年には世界に先駆けて実用化に成功する（なお、森沢は三三年に研究所を去って、後にいまのモリサワを興すことになる）。この後も、写植機の性能は向上し、石井は変形や拡大可能なレンズを開発したり、独自の書体開発に取り組み、今日にいたる写植書体の基礎を築いていく。

写真植字とそれを効果的に生かすことができる印刷方式としてオフセット印刷がもつ可能性に注目した人たちは、早くから存在した。

たとえば、版画家であり、装幀にもすぐれた仕事を残した恩地孝四郎がいる。その恩地が中心となって編集した『書窓』誌（アオイ書房）は、三五年創刊の書物愛好家を対象とした雑誌であったが、当時、文字主体の印刷物はほとんど活版印刷に限られていたなかにあって、いち早くオフセット印刷を採用したことが注目される。『書窓』を恩地とともに支えたアオイ書房社主の志茂太郎は、技術的に未成熟なところがあるためになかなか思うような仕上がりが得られないことに苦悩しながらも、第三号の編集後記で「然《しか》しオフセット特有の温雅な印刷効果は絶対に棄てる事が出来ません（後略）」と明記している。二〇世紀末の現在でもなお、紙面にしるされる活版印刷特有の印圧に依然として愛着を寄せる人が少なくないが、一方では時代を先駆けるかたちで、オフセットがもつなめらかな仕上がりへの信奉者が確実に存在したことがわかるだろう。ついでながら、『書窓』の文字組版は、写真植字、活字清刷、タイプライター印字と、最適な効果をあげるための試行錯誤を繰り返した。

写植とオフセット印刷の本格的な展開は戦後のことになる。その代表的な例では、「日本ではじめての活字のない印刷工場」として終戦の翌四六年にスタートした平凡社系列の東京印書館がある。石井の指導のもとで写植機が導入された。その石井は、五二年から大修館書店の大型企画『大漢和辞典』（諸橋轍次著）全一五巻の原字制作を始めている。石井がわが身を削るようにして書いた漢字数はなんと四万八千字！　八年後の六〇年ついに全巻完結し、写真植字への評価をたかめる貴重ないしずえとなった。

金属活字にはない書体の豊富さ、そして石井が方向性を定めた写植文字の、「やせ姿が、あたかも夏姿の美女のごとく楚々として（後略）」（読売新聞顧問、手島真の評）というような独自の表情は、デザイン界を中心に確実にファンを広げていく。冒頭に紹介した山城の「森・林」はその卓抜な例であったし、六〇～七〇年代を中心に、細谷巖、向秀男、浅葉克己らを擁した広告制作の雄、ライトパブリシティが発信する広告では、石井による中明朝の使用がほとんど定番であった。新感覚の写真を積極的に使用し、それと中明朝によるコピーを配したシャープなレイアウトは、高度成長期を象徴するスタイルとなった。

日本ではじめての本格的なヴィジュアル誌の登場として話題をさらったのが、平凡社が六三年に創刊した『太陽』である。さきに触れた東京印書館などが印刷にあたり、オフセットとグラビア印刷の併用。アートディレクターは戦前からすぐれた出版デザインを残してきた原弘で、エディトリアルは多川精一らが担当した。果敢に横組を採用し、写真・図版と文章との有機的な結びつきにおいて当時の最高レベルにあるといってよいだろう。ただし、やはり気になるのは、本文組の微妙なバラツキである。

当時まだ電算写植は模索期にあった（写研が実用機「サプトン-N」を発表したのは六五年）。校正段階で直しが入ったりすると、どうしても手貼りなどの手作業が加わるために生じるバラツキであった。『太陽』でさえそうであったから、タイポグラフィに定見をもたない他のヴィジュアル系雑誌では見るも無残な惨状を呈しているケースが少なくなかった。活版特有の整合性ある組版から見ると、「印刷の秩序――それは活版的秩序というのかもしれないが――をもりたてるよりも、むしろ、それを破壊しつつ、表現の世界をひろげて来た」（小池光三、『デザインと印刷表現』、現代企画社、六九年）といった否定的な評価がなされたのも、一面においてやむをえない状況にあった。文字主体の書物では、金属活字による組版が八〇年代に入ってもなお優位に立っていたのもうなずけよう。

とはいえ、電算写植の普及などによる組版の精度の向上、「タイポス」（六二年に最初の文字盤完成）が起爆剤となった新書体の相次ぐ発表、写真表現の目をみはる躍進、写真製版に

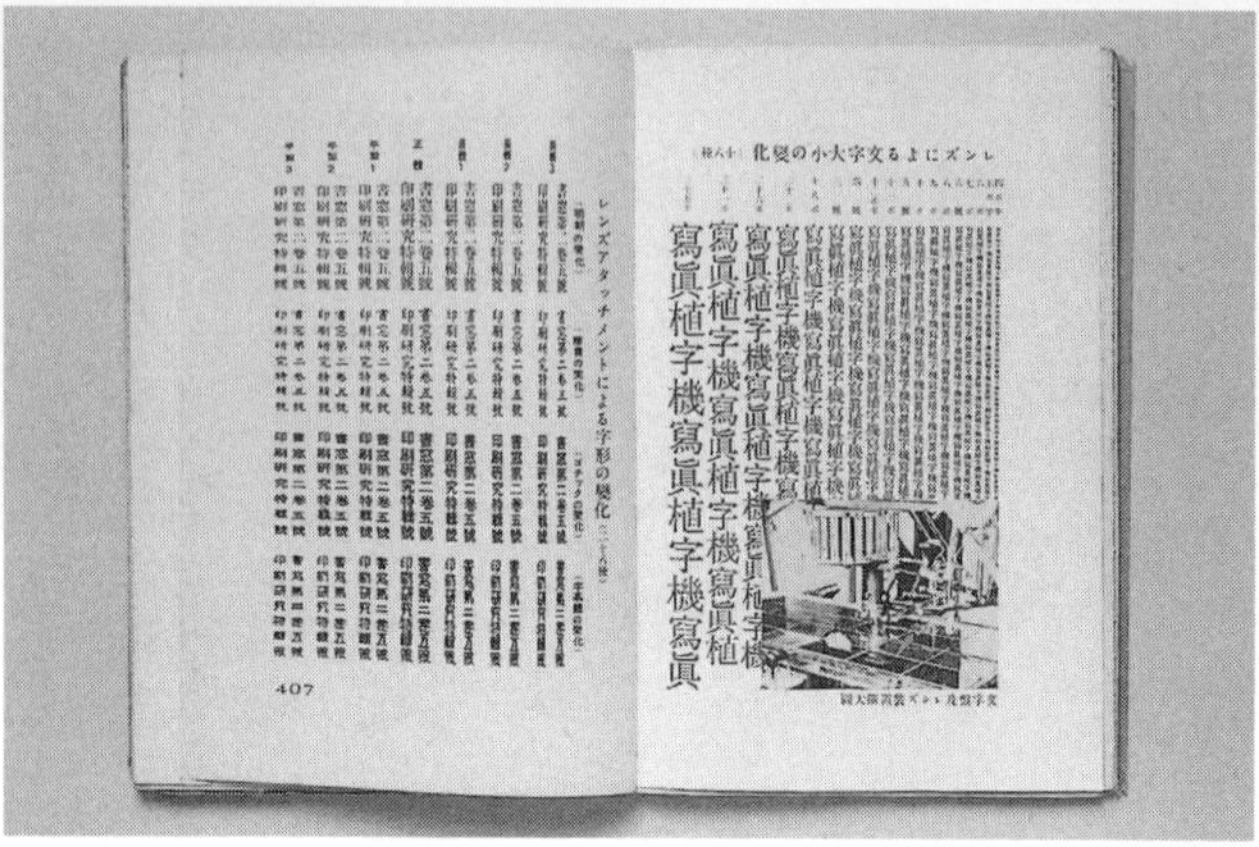

恩地孝四郎デザイン：『書窓』誌　印刷研究特輯　第2巻第5号　アオイ書房
1936年

原弘アートディレクション：『太陽』創刊号　平凡社　1963年

おけるカラースキャナー導入にともなう処理能力のスピード化などなど、写植とオフセット印刷を取り巻くハード、ソフト両面にわたる環境が着実に整備されていった。それにともない、デザイナーによるエディトリアルの手法はさらに深められていく。横組用新活字を採用し、はじめて図版処理にコンピューターを導入するなどの新機軸を盛りこんだ勝井三雄による『現代世界百科大事典』（講談社、七二年）とか、全ページ本文白抜きという杉浦康平の『全宇宙誌』（工作舎、七九年）のような記念碑的な達成が相次いで生まれた。雑誌でも、七〇年の創刊時にタイポスを採用した堀内誠一の『an・an』（平凡出版）、仲條正義のライフワークである資生堂の『花椿』など、写真植字に特有のフレキシビリティを生かした仕事が隆盛となり、「読む」文化から「見る」文化への転換を先導したことが特筆される。

若者にカリスマ的人気のあった六八年創刊の『ＮＯＷ』誌（文化出版局）など、写植＋オフセット時代のエディトリアルをリードしてきた江島任は次のようにその特徴を要約しているので引用してみよう。

「僕が言いたいのは、オフセットの自由自在さというか、軽さといいますかね、一ページの中に、横組みと縦組みがジャンジャン入るのは平気ですからね。それと比べれば、昔はずいぶん整然としていて、ゆるがせにできない。いまはそういう意味では、こうせねばならないと言えるものはなんにもないわけです。」（『日本のアートディレクション』、美術出版社、七七年）

活版印刷が文字とそれ以外の写真や図版類を対立させる傾向があったのに対して、写植による組版とオフセット印刷は、ふたつの垣根を取り払い、デザイナーにそれまでにないレイアウトの自由度を保証し、目ざましいエディトリアルデザインの開花を用意した。その自由度をさらに大幅に拡張したのがデジタルテクノロジーを介した「ＤＴＰ」であり、九〇年代以降、グラフィックデザインは次の局面に突入することとなる。

日本語の美しい組版の系譜

デザイナーの日本語組版への問題意識は、一九六〇年代より当時の若手世代の意識に上り始めたといってよいであろう。六〇年の日宣美展に粟津潔が出品した「新聞、機関紙への提案」は、十分な目配りが行き届いた提案とはいいかねるものの、ヨコ組の紙面構成などをおりこんだ意欲的な取り組みが、伝統的な組体裁に対するアンチテーゼとして少なからず波紋を呼んだものであった。以来、六〇年代半ばより、俊英デザイナーたちが果敢な挑戦をこぞって試みることになるのだが、その前に出版社の製作者、編集者たちが積年の仕事の蓄積をとおしてつちかってきた組版上のノウハウに触れないわけにはいくまい。

西洋の活版術の導入以来、内容にふさわしいとともに、美しく読みやすい本づくりを目指して出版界はさまざまな模索を繰り返してきた。岩波書店の製作部門で長らく活躍した藤森善貢はそうした知識と経験をもったエキスパートのひとりであったが、藤森が『造本の科学〈上〉造本篇』（日本エディタースクール出版部、八二年）のなかで読みやすさの要素として次の六項目をあげているので引用してみよう。

「①どのような字型の活字を使うか。②どのような大きさの活字を選ぶか。③縦組にするか、横組にするか。④行の長さ（一行の字詰）をどのくらいにするか。⑤語間・行間のアキをどのくらいにするか。⑥紙面に対する配置をどうするか（余白のとり方）」

藤森はこれに関連する組版のデータを、明治、大正、昭和の出版物を引き合いに同書で詳述している。そして、結論として、「A5判で一段組とするならば、現在では10ポイント活字を使うのが理想的であり、四六判・B6判の一段組の場合は9ポイントがよいでしょう。行間については、可読性の面から原則として全角行間とし、つめても一ポイントくらいということになります」と指摘している。併せて、この結論を補足するかたちで具体的な指針を綴っているけれど、要は、読者を無視するような、字詰めをむやみに増やしたり、行間をせばめる組版をいさめている。情報量の飛躍的な増大とか、コストの問題もからんで、藤森の指摘とは逆行するような状況がその後も進んでいるが、いまなお傾聴にあたいするものがあるといってよいだろう。

藤森の提言は活版印刷が基準になっているが、伝統ある出版社には組版に対する見識がハウスルールとしてつちかわれていたことに留意したい。岩波書店の場合、美しい活字と入念な工程管理で定評のあった精興社と組んだ活版印刷による出版物が一つの時代を築き、神話的な存在とまでなった。わが国における組版の典型となり、ひとつの規範として仰がれたのだった。

こうした歴史ある出版社の組体裁とならんで、戦後出発した出版社でも、独自の知見をそなえた編集者によって特色ある組版が試みられている。

四八年創刊の『暮しの手帖』（暮しの手帖社、創刊時は「美しい暮しの手帖」）は、花森安治の高い理想を掲げた編集方針があまりにも有名であるが、雑誌のエディトリアルデザインにおいても見識と品格をかねそなえた取り組みが精彩を放っている。活版印刷による読みやすさをきわめた本文組をベースにして、花森の独壇場ともいえる自らの書き文字による見出しや巧みなカットの挿入が、みごとなアンサンブルを奏でているのだ。グラビア印刷による口絵構成においてもその姿勢に変わりない。

詩人がエディトリアルワークスに果たした功績もまた大きい。既成の手法がもっていたアクや澱みを洗い流して、新しい時代の到来を予感させるような斬新な構成を展開しているのである。詩人らしい直感と、言語表現で鍛えあげたイメージ生成力が、組版体裁という平面上においてもいかんなく発揮されているのだ。北園克衛や瀧口修造、吉岡実といった詩人がその代表格で、とくに北園克衛の余白を生かした先鋭な構成は、清原悦志や杉浦

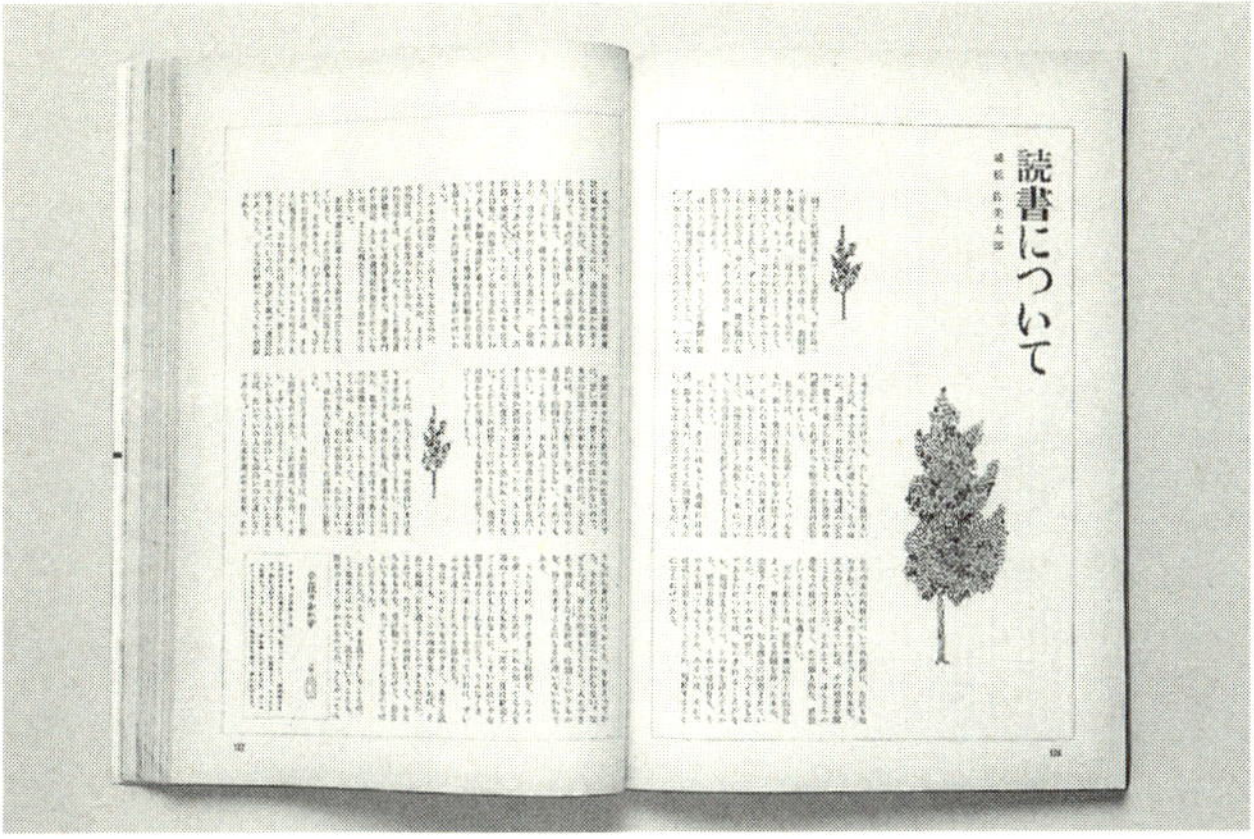
読書について

花森安治デザイン：『暮しの手帖』第50号　暮しの手帖社　1977年

アアルトの建築哲学の特質

カルロ・レッペネン

羽原肅郎デザイン：『SD』1・2月合併号　鹿島出版会　1977年

康平ら後続のデザイナーにも影響を与えた。なお、清原（八八年に五十七歳で急逝）は北園が主宰した「ＶＯＵ」のメンバーであった。

こうした前史をへて、いよいよデザイナーが本格的に本文組を含めたエディトリアルデザインに参入したのが、すでに述べたように六〇年代半ば以降のことであった。

その参入の理論的な枠組みを提示したのが、モダンデザインの先達のひとりである原弘の「タイポグラフィ」の概念である。タイポグラフィとは、印刷術全般とその視覚的な効果のことをいうが、わけても本文組において内容にふさわしく、美しく読みやすい組版に昇華させる創造的な作業をいう。ただ、原が活躍を始めた戦後から六〇年代初めは、出版社サイドの伝統的な組版の力が依然として強く、原の希望した書籍の本文でのタイポグラフィックな取り組みの実現例は限られ、もっぱら『太陽』などの雑誌でしか試みられなかったのは残念だ。なお、原の助手をつとめた多川精一の堅実な仕事は、原の思想を受け継ぐものとして銘記したい。

タイポグラフィがもつ内的な必然にたって、より構造的で論理的な組版を果敢に追求していったのが、粟津や清原、杉浦、勝井三雄、神田昭夫、平野甲賀らの新世代であった。これら俊英がそろってブックデザインや専門誌のエディトリアルに挑戦を始めたのは壮観であるが、もっぱら量販雑誌主体に活躍を続けた江島任《たもつ》の仕事も注目される。

このなかでは、タイポグラフィの視点から文字組に鋭いメスを入れ、ブックデザインのボキャブラリーを一挙に拡大した杉浦の功績がやはり大きい。たとえば杉浦は雑誌『パイディア』（竹内書店）において、旧来の判型を侵犯するようなかたちで、段間、小口、天地の余白をすべて8ポイントの倍数で決定し、天地8ポイント×75、左右8ポイント×50とポイント・サイズを基本にすえて判型を決定している。横幅の8ポ50倍の14センチは葉書の長辺と同じ（当時のサイズ）。「片手の指をひろげた幅に入りやすく、ページを繰りやすい」（杉浦）というように、活字モデュールを核にしたことで、身体動作になじむとともにかつてない緊密な視覚効果を導き入れることに成功している。

杉浦たちの世代の活躍期は、活版印刷の完成期から、手動の写真植字、電算植字へと続き、さらにいまのデジタル化へと激しい技術の変革と更新に重なっている。しかし、彼らの仕事に揺るぎない方法論が貫かれているのは、やはり活版時代にみがいた基本のたまものであろう。コスト高ゆえにいまやほとんど消滅した活版印刷であるが、これは活版術の精髄が、印圧によるインキの艶と香りにくわえて、具体的な「もの」の手ごたえをとおして把握できたことと、その優れた機能性を示すものであろう。

旧来の本文組の解体と再構築をとおして、さまざまな局面において豊かな達成を残した杉浦が及ぼした影響は大きい。中垣信夫、辻修平、鈴木一誌、谷村彰彦らかつてのスタッフのみならず、杉浦の方法論への共感にたって独自の道を推し進める戸田ツトム、羽良多平吉、工藤強勝、松田行正らが輩出している。いずれも、組版にこだわりと哲学をもった人たちである。このなかでは戸田を先陣としてデジタル化にもすぐれた対応を見せている人が多い。それも彼らの方法論の確かさを示すものであろう。

その活版印刷への関心を、発展期の特色ある活字にさかのぼって探索し、写真植字やDTPシステムに援用する府川充男や日下潤一、羽良多らの取り組みも目を離せない存在である。メリハリを失って画線の平準化が進む書体設計の趨勢にあがらって、筆勢をたたみこんだかつての活字がもつ「力」を、明治・大正期の活字資料をもとに蘇らせ、それを現行のシステムに書体として取り込み、独自の異化作用を本文のマチエールに与えている。デジタル化のなかの過去への眼差しという、一見矛盾をはらんだ作業に、タイポグラフィへの強烈な問題意識を感じ取ることができるだろう。

いまや完成段階にある電算植字では、片塩二朗が主宰する朗文堂の周到な本文組（西野洋デザイン）が特筆されよう。とりわけ、日本語とアルファベット併記の場合の、日本と欧米との文化の相違にまで踏み込んだ緻密な取り組みは、それが高度なレヴェルで実現されているだけに、一般人にはその苦心が容易にはわかりにくいほどの完成度に達している。

最後に、『ノイエ・グラフィック』に代表されるヨーロッパ・タイポグラフィの伝統を、孤塁を守るようにして伝えている少数派に触れたい。たとえば羽原肅郎の七〇年代以降の『SD』誌（鹿島出版会）での活躍は、ストイックなまでに抑制された手法に貫かれており、その原理的な追求が異彩を放っている。羽原のようなアプローチの存在は、前述の朗文堂の地道な努力とともに、日本のタイポグラフィに対する取り組みの厚みを示すものであろう。

一九七〇年代　深化するブックデザイン

グラフィックデザイン界にとって、六〇年代を華やかな「宴の時代」とすれば、七〇年代は、三島由紀夫の小説のタイトルを借りれば「宴のあと」ともいうべき時期を、デザイナーが「個」に立ち戻って、それぞれの深化を重ねた時代と要約することができるだろう。

一九七〇年に起こった日本宣伝美術会（日宣美）の解体が六〇年代から七〇年代への転換を象徴していると思う。日宣美は若手の登龍門として絶大な権威を誇っていた日宣美展の主催団体であった。その崩壊は日宣美という組織の基盤のもろさを露呈したという側面もあるだろうが、日本のデザインの多極化に「宣伝美術」という枠組みだけでは対応できなくなりつつあった時代の趨勢があずかっていたのではないだろうか。

事実、中堅・若手デザイナーのうちの少なからぬ有力メンバーは、同展の花形であったポスターよりもブックデザインやエディトリアルデザインなど出版デザインに、そのエネルギーを六〇年代後半あたりからシフトさせつつあった。比重のかけ方にはそれぞれ個人差があったものの、より社会性、文化性の濃い書籍や雑誌の仕事のほうに未知の可能性をかぎとったのである。そして、書籍や雑誌を足がかりとする彼らの実践は、既成のデザイン手法を切り崩す、さながら最前線の戦いの場の観があった。

そうしたメンバーとして、日宣美会員もしくは受賞者に限っても、粟津潔、田中一光、勝井三雄、杉浦康平、宇野亜喜良、神田昭夫、和田誠、森啓、江島任、横尾忠則、平野甲賀、廣瀬郁、亀海昌次らの多彩な顔触れが思い浮かぶ。ほかにも清原悦志や中垣信夫、羽原肅郎、道吉剛らの存在を忘れることができない。粟津を除いて三〇年以降の生まれであり、いわゆるデザインの第二世代が中心となる。このなかで、もっとも注目すべき主導的活動を繰り広げた人として杉浦の名前を挙げることにだれしも異存ないであろう。

杉浦には、世界中の民族に見られる太陽崇拝のような、デザイナーならだれしもいだくポスター礼賛はない。いやむしろ、次のようにいってはばからないのである。

「私は近年、ポスターを積極的に手がけようと思わない。それは、理由があってのことだ。第一に、B全判サイズの紙は、それを二つに折り、四つに折り……と次々と六回折り重ね、二方を切断すると、日常我々が掌の上に拡げ、読む本の六十四ページ分が、忽《こつ》然と立ち現われる。四枚もあれば、二五〇ページの書籍が出来上ってしまうのだ。一冊の本に相拮抗するポスターなど、滅多に出現しうるものではない」（「現代日本のポスター」展図録、富山県立近代美術館、八二年）。

杉浦はポスターに熱心になれない理由として、ポスターが貼られる都市空間のほとんどが経済原理の支配する場であって、「イメージたちを、手ばなしで解放出来かねるから」とも付け加えている。これはこのコメントが発せられた八〇年代に固有の問題ではないであろう。日本の都市管理体制が私たちに長く強いてきた制約のひとつである。
同様の〈紙＝書物〉への親和を杉浦は講談社現代新書『読むことからの出発』（現代新書編集部編、八四年）に収められている興味深いエッセイ「紙の小宇宙」のなかで記している。いずれにしても、その主張に込められているのは、折られることで〈書物〉へと生成し、「人の魂を映す人格をもつ鏡と化して、空間に自立」（同書）する〈紙〉への揺るぎない信頼であり、いつくしみである。

さて、杉浦のブックデザインへのかかわりは六〇年代前半から始まっているが、本格化したのはやはり、六四年から六七年まで二度にわたって招かれて教えに行っていた西ドイツのウルム造形大学から帰国して以降であろう。とりわけ七〇年以降の独創性あふれる取り組みには息をのむ思いがする。タイポグラフィへの先鋭な問題意識を核にすえながら、かつてない豊かな地平を切り開いていったからだ。紙の扱いにおいても、それと連動するかたちで、刺激的な試みを繰り広げている。その代表例は季刊誌『パイディア』（竹内書店）であろう。

同誌はリトルマガジンに一般的なA５判より横幅のやや狭い変型判である。それは判型そのものがポイントの倍数で決められているからである。そして、七〇年ごろから掲載論文ごとに違う本文用紙を配したり、刷り色とレイアウトを変えたりしている。その本文用紙では白色を一切使わず、藤色やクリーム色、銀鼠色などの色上質紙を採用している号が多い。

白眉は七二年の第十一号、ミシェル・フーコー特集。奥付に「竹尾洋紙店の協力をえた」と明記され、四つの製紙会社の色紙六種を各論文に振り当て、割り付けも文章ごとに変化させている。このなかには〈フロスト〉のように細かな混ぜものの入ったノイジーなファインペーパーもふたつ含まれ、本文用紙は白色度が高く、滑らかで、混ざりもののない紙、いいかえると、自己を主張しない紙をもってよしとする経験則に激しい揺さぶりをかけている。六種の紙はいずれも中間色系で統一されており、小口を見るとあたかも異なる地質が幾重にも堆積した地層面を見ているかのようだ。

杉浦によると雑誌を「単行本の集積」のように見せることがねらいだということだが（季刊『デザイン』第一号、美術出版社、七三年）、一般的にはいろんな記事や文章が同一用紙にごたまぜで詰め込まれ、雑誌が内在しているはずの「構造」が浮かび上がっていないのに対して、ここでは杉浦の潔癖なまでの理路の追及によって、個々の文章の存在感を連続的に際立たせ、なおかつ全体として三次元にわたる斬新な視覚性を付与することに奏功している。

同じ試みを杉浦は雑誌『遊』の第六号（工作舎、七三年）でも行っている。本文デザインは市川英夫の担当であるが、同誌に創刊時から深くかかわり、同号にも寄稿している杉浦の示唆によっていることは明らかだろう。ここでは、より彩度の強烈な〈コニーラップ〉を使っている。それも中央のグレーをはさんで、左右対称にイエロー、金茶、朱、ブルー、エメラルド、もえ黄と続き、総数十三の色の帯が天から小口、地へと走り抜けており、特

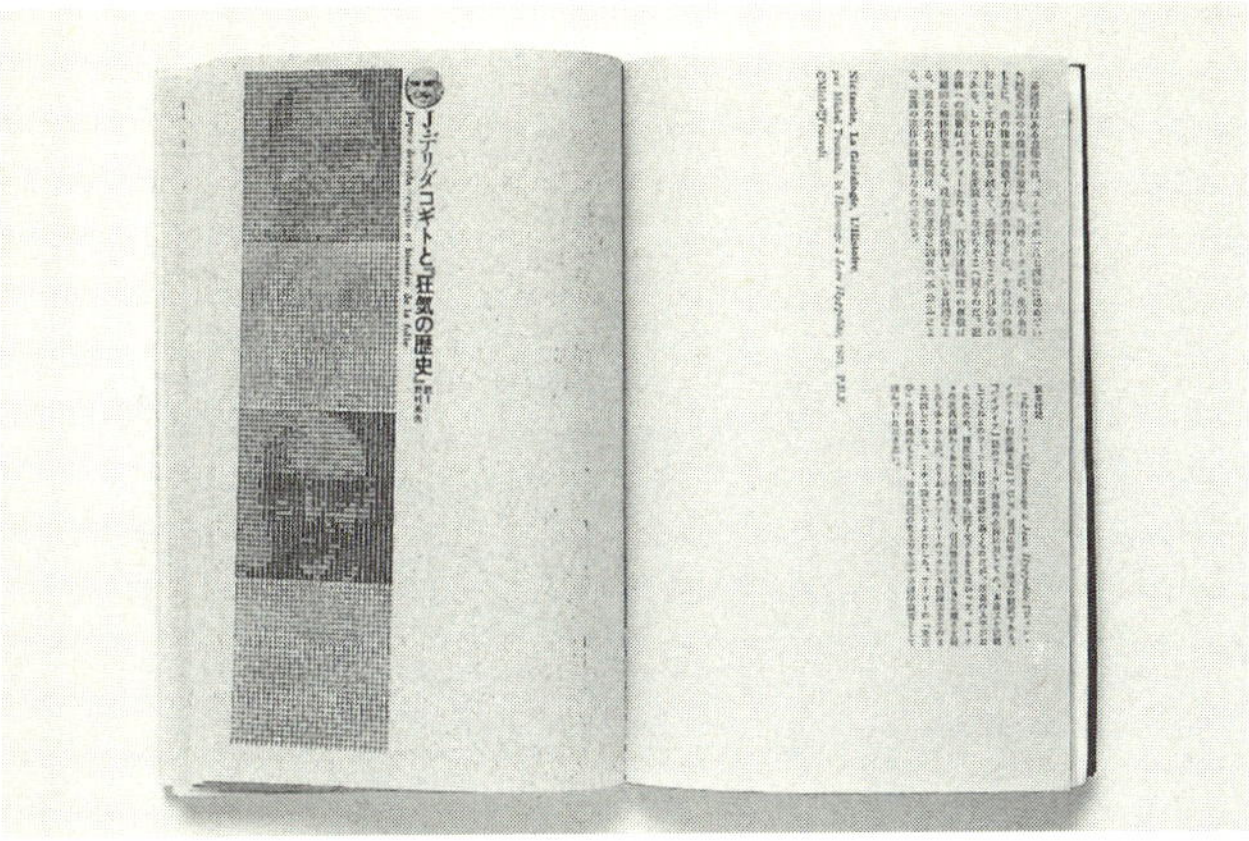

杉浦康平デザイン：『パイディア』第11号「ミシェル・フーコー特集」
竹内書店　1972年

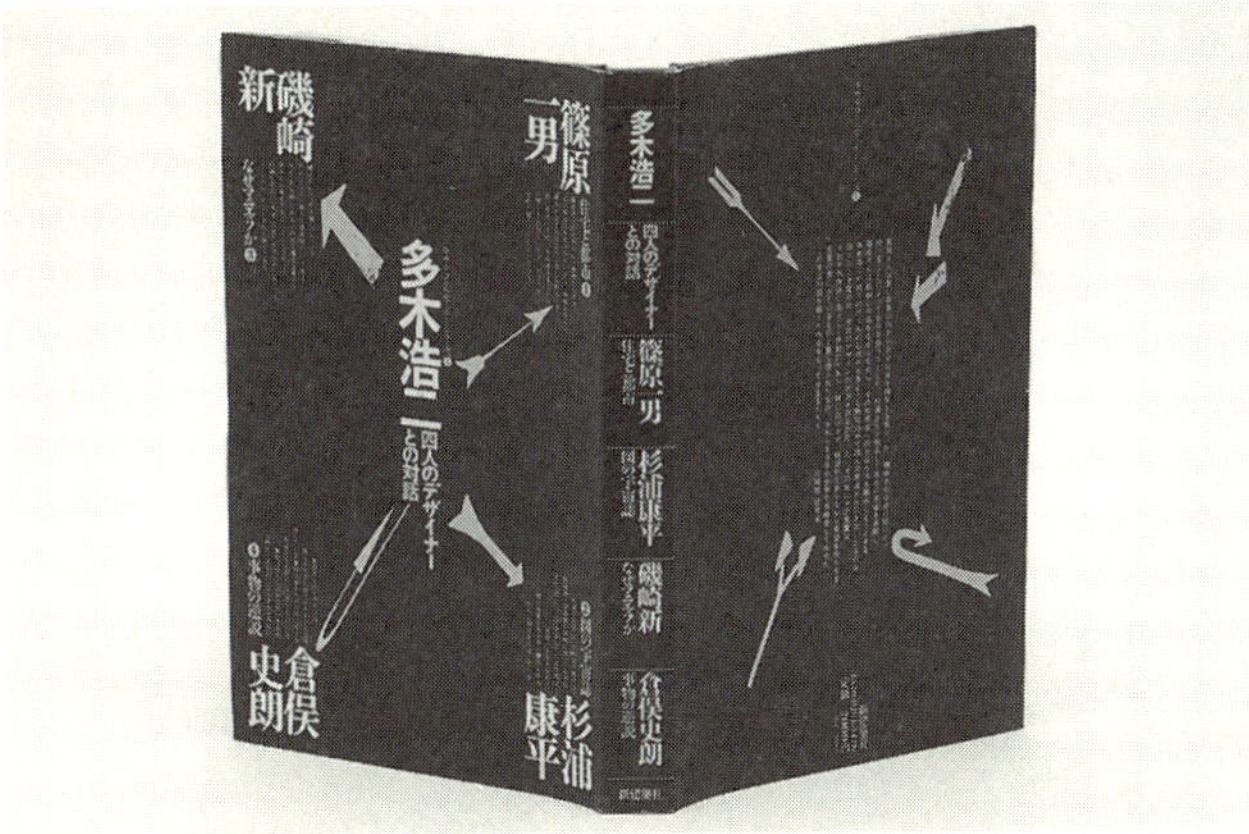

杉浦康平ブックデザイン：多木浩二『多木浩二：四人のデザイナーとの対話』
新建築社　1975年

集「箱の中の筺《はこ》」に収められた巻頭の写真構成と十二の文章に対応している。このほか書籍では新建築社刊「キサデコールセミナーシリーズ」の『多木浩二・四人のデザイナーとの対話』（七五年）と『宮脇檀・つくる術について五人のデザイナーたちと語った』（七六年）が同様の色上質紙の採択で注目された。

杉浦の意欲的な挑戦は、豪華本でも発揮される。たとえば限定本『TETSUMI KUDO』（海上雅臣監修、ウナックトウキョウ、七二年）では、前衛画家として活躍した故・工藤哲巳のオブジェが本のなかに仕込まれているのだ。ここでは坪量《へい》のある白い特殊紙が使われているが、情報を伝えるものとしての紙の機能性と、紙自体がそなえる物性とを大胆に融合させている。なお、ウナックトウキョウは七五年にも早川良雄のデザインで『エーゲ海に捧ぐ――木内克ローマ臘型全作品』を刊行し、〈マーメイド〉でつくった束の中心部分をくりぬいて彫刻作品を収めている。

雑誌にしても書籍にしても、こうした一連の杉浦のデザインは、いずれも内容への深い理解にたって、自己主張する紙と、書籍や雑誌を構成する文章とを構造的に響き合わせ、デザインと紙との関係性をスリリングに意識させる。原弘の取り組みをさらに突き詰め、カバーや表紙、見返しにとどまらず、本文ページを起点に内側から紙の存在感を生かすことの重要性を喚起した意義はことのほか大きなものがあるといってよいだろう。

ところで、詩人の萩原朔太郎はかつて次のように嘆いたものである。

「外国では表紙に使う紙の見本が、黄色の一色だけで二百種もあるということだが、日本では僅か三種類位しかない。それも情趣のない、非芸術的な俗悪の色ばかりである」（書物展望社『書物展望』、一九三五年四月号）

杉浦もドイツ滞在中にズーアカンプ社の叢書を見て、それに近い感慨を抱いたことを、私は杉浦本人から聞いたことがある。ドイツでは上質紙に多様な色をベタで印刷した紙が流通していて、ズーアカンプ叢書はそれをたくみに生かし切っている。その結果、それが書店棚に並ぶと、さながらレインボーカラーが出現したような鮮やかな光景を呈するのを目撃してうらやましく思ったという。とはいえ、遅れているといわれた日本の紙事情が、竹尾の先駆的な営業努力によってさらに着々と整備されつつあったことは、すでに述べた杉浦の達成によっても明らかだろう。

最後になったが、七〇年代は公害問題が深刻化し、資源保護の立場から、紙のリサイクリングが緊急の課題となった時代でもある。これに対して、竹尾は七四年に古紙百パーセント再利用の〈ＮＢＫ色図工紙〉を発表するなどして時代の要請に応えている。ブックデザインでは、たとえば勝井三雄が七五年に始まった『エナジー対話』シリーズ（エッソ・スタンダード石油）で、褐色味を帯びた、かつてのザラ紙を思わせる再生紙を本文用に使っている。緻密なエディトリアルデザインとあいまって、ひとつの見識ある対応例として評価したいと思う。

「構造物」としてのブックデザインの展開

戦後の出版デザインの流れをひと言で要約すれば、それは「装幀」から「ブックデザイン」への転換を果たした時代であったといってよいのではなかろうか。

いわゆる絵画的で表面的な装幀に替わって、本文ページを基点としてカバー、本表紙はもとより、見返し、扉にいたるまでの全体を総合的に把握しようとするブックデザインの発見は、戦後の独占物ではない。たとえば、日本の近代装幀を確立した恩地孝四郎は昭和初期に、「本を装うに際して先ず第一に心得るべきことは、一個の立体であることである」とし、「序、目次、本文、奥附等を包含する組織体である」ことに留意するよう呼びかけている（『図案新技法講座』第三巻、一九三二年）。テキストの読み込みにたって、それを三次元の有機的な「組織体」として物質化しようとする姿勢は、ここでも明らかだろう。そして恩地は、本のいうならば「皮膚」となり「血肉」となる材質についても機会あるごとに言及している。

しかしながら、その恩地が「紙を用いたものはドイツの本をみるとほんとにあんなに豊富な種類があるのかとうらやましくなる」と嘆き、紙業界に「気持いい紙を輸入するなり造るなりしてくれるといいのだが」と注文しているように（『工芸美術を語る』、一九三〇年）、本をひとつながりの構造物として立ち上げるのに必須となる紙事情は当時、欧米に比べてかなりたち遅れていたといわざるをえないだろう。

ブックデザインへの新しい視点が、内実をともなううねりとなって本格的に動きだすのは、やはり戦後からといってよい。

戦後日本のグラフィックデザインを牽引した亀倉雄策は、一九五三年八月に中部日本新聞に「装てい談義」という文章を寄稿している。このなかで亀倉は、欧米では文学書の装幀も一流デザイナーが機知を発揮しているのに対して、日本では古い感覚の画家による装幀がまかりとおって表面的な演出にとどまっているとし、「箱、ジャケット、本表紙、見返し、トビラまで、一貫した造型的な流れと時間的な効果がないと優れた造本とはいい難い」と指摘している。そして、次の文で最後を締めくくっている。

「文学や哲学も新しい感覚による造本術で著者の品格にピッタリと波長を合せたものをデザイナーの手によって作られるようになれば装てい界もきっと新しい世界が拓かれると思うがどうであろう。」

つまり亀倉は、デザイン界のエース格らしい使命感に立って、画家による装幀は新しい時代にそぐわない、立体的な時空の流れをつかむことのできるグラフィックデザイナーをもっと起用すべきだと出版界に訴えているのである。まさに亀倉の望んだとおりに、その後、グラフィックデザイナーが出版デザインに新しい風を送り込むこととなるのはよく知られるとおりである。折からの高度成長のもとでの出版文化の復興を背景として、注目度の高い文学全集、百科事典などの大型企画や写真集をはじめとするヴィジュアルな豪華本の仕事が彼らの「前哨戦」となり、やがて全ジャンルへと活躍の舞台が広がっていった。

さて、亀倉と並んで戦後モダニズムをリードしたのが原弘であった。その原は、一九五五年に亀倉の呼びかけで開かれた「グラフィック'55」展において、ブックデザインを中心とする展示を行い、ポスターが花形であった時代に、出版デザインに最も力を注ぐ第一人者としての立場を鮮明にした。

原は装幀に替わるブックデザインの概念を明確に提示したことで知られる。「書籍となると、本のヒラ（おもて）もあれば背もあり、立体的なもので、厚みのある本なら立体性は強く発揮される。そのうえ、資材面からみても紙だけとは限らず、布、クロス、化学繊維、プラスチックと幅広く利用されている」と原は指摘する。そして、函やカバーなど外側のデザインは、商品のパッケージと同様に「グラフィックデザインとインダストリアルデザインとが交差する領域」であると位置づけている（第五回「造本装幀コンクール」パンフレット、一九七〇年）。

原はこうした認識のもと、遅れていた材質面での充実をはかろうとして、竹尾の各種ファインペーパーの開発に惜しみない助言をおこない、「アングルカラー」とか「ベルクール」「STカバー」といった自ら開発した用紙がそなえる視覚性と触感を取り込んだ造本を試みた。それぞれの用紙がそなえる紙質感あるいは存在感を意識的に生かしたデザインを試みたのは、原が最初だといってよいだろう。

ただし、原は「理想的な本づくりといえば、単に本の外装をデザインするだけでなく、活字の選択からポイントの大きさ、行間・字間の空きまで含めて、デザインするのが、本当の意味での装幀の仕事ということになる」としながら、本の内部まで任せてもらうことは皆無に近いと嘆いている（前出）。各出版社に本文組の定則があったり、本文レイアウトは編集者がするのが当り前という意識が出版界に当時依然として根強かったことをうかがわせる。

出版社側の固いガードを突き崩して、本文組を含めたトータルな作業に果敢に挑んだのは、原や亀倉、早川良雄ら以降の新世代だった。杉浦康平や粟津潔、田中一光、勝井三雄、清原悦志、中垣信夫、羽原肅郎、平野甲賀、続いて菊地信義らである。彼らの取り組みには、当時もたらされた欧米のエディトリアルデザインの新しい思想、とりわけタイポグラフィにおける原理的なアプローチからの影響が少なくない。

このなかで最も先鋭な追究に抜きんでた情熱を傾注したのが杉浦であったといってよいだろう。杉浦の仕事はもっぱら七〇年代以降のそれに関心が向けられがちである。しかし、六〇年代の達成にすでに鋭い問題意識が反映されていることに留意したい。

たとえば川田喜久治の写真集『地図』（美術出版社、六五年）は、ダンボールの外函、たとう状のパッケージ、カバー付きの本冊へと続く、互いに補完し合うつながりが刺激的である。そして、全ページ見開きという特異な写真構成に驚かせられる。しかし、広島の原爆

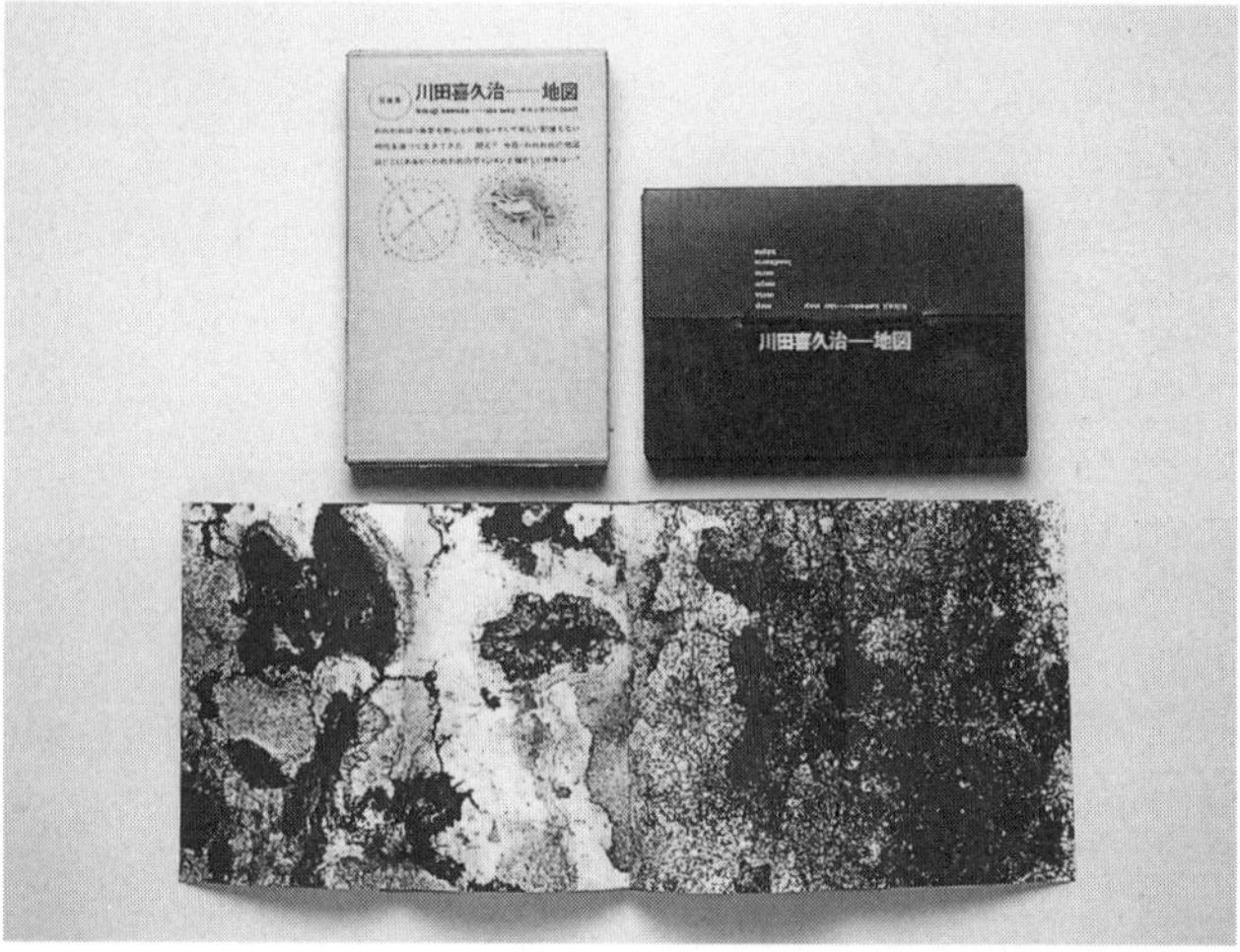

杉浦康平ブックデザイン：川田喜久治写真集『地図』美術出版社　1965年

ドームの「しみ」であったり、特攻隊員の遺書であったりと、戦争の傷跡や時間の堆積が幾重にも深く刻まれた写真を注意深く眺めていると、のっぺりとした均一な紙面展開では十全でないことが次第にわかってくる。全見開きの写真を左右に互い違いに開き、そしてまた交互に閉じるという所作の繰り返しをとおした身体性と空間性、時間性の重層する構成こそ、写真に固有のメッセージを読み解いた結果の独創的な所産であることが了解できるだろう。

さらに杉浦は七〇年代に入っても、判型の決定とも連動するタイポグラフィのさまざまな追究や小口への着目、書物を穿つ穴、一冊のなかで論文ごとに違う用紙の採択、洋装本と和装本の併存など幾多のボキャブラリーを整え、その後のブックデザインの展開に決定的ともいえる影響を及ぼした。

また、端正なデザイン手法を一貫して追究して国際的評価の高い田中一光は、舞踏家、土方巽を被写体とした写真集『鎌鼬《かまいたち》』（現代思潮社、六九年）において、卓越した構造化を試みている。それは和装本と同じように袋綴じをベースとしたもの。しかし、和装本では外にテキストが刷られているのに対し、同書ではそこにコバルトブルーの特色ベタ刷り面だけが連続して現われる。その鮮やかさは圧倒的だ。実は、その片面ノド側四センチほどのところがスリットの入った変則的な観音開きとなっており、それを開くと内側の見開きに陰影あるモノクロ写真がパノラマのように立ちあがってくる。こうして内と外の対比の妙に再度目を奪われるのである。

先駆となるパイオニアたちの取り組みをへて、やがて後続世代からも次々と時代を担う才能が輩出してきた。竹尾が主導した印刷用紙のバリエーションの一段の拡充と、デザインの自由度を保証するオフセット印刷の発展の後押しも忘れられないだろう。今日に至る、内容に深く寄り添って、複合的な構造体へとすくいあげる多彩な手法の開花は、本ダイアリーの掲載作品をとおして紹介したい。

最後にもうひとつ強調したいのは、日本には、東アジアに共通の製本方式が長く伝えられてきたこと。現在でも書道図書の折帖本などが健在のように、洋装本とは異なる原理をもつ折本や袋綴じ和装本の伝統が、現代のブックデザインの豊饒な展開のバックグラウンドとなっており、現代の最先端の造本にその投影をしばしば見ることができる。こうした固有の遺産と先鋭なデザインとの出会い、融合が、日本のブックデザインの広がりを導きだしていることを銘記したいと思う。

戸田ツトムのエディトリアルデザイン［インタビュー・構成］……………

グラフィックデザインそのものの概念とアプローチを組み換えつつ戸田ツトムは、エディトリアルデザインという思考の手法を巡りながら、多くのプロジェクトを手掛けてきた。一九八七年以降のコンピュータをともなう様々なデザインをいくつかの海外チームと協同で手掛け、いち早くその威力を世に知らせたことに象徴されるように、時代がデザインや出版において大きなカーブに差し掛かったとき、しばしば先行する何らかの完成・確立を見ないまま、戸田が早くもその場から立ち去る後ろ姿が見られた。ＤＴＰ、コンピュータによる図像制作、コンピュータ及びソフトメーカーへの開発協力、映像制作、番組制作、マルチメディア関連の諸制作、ＣＧ、出版、企業における広報戦略立案、マス媒体などのアートディレクション……企業及び出版各社から戸田のもとに寄せられた指令は多岐にわたるように感じられ、その活動がメディアを通じて知らされるにしたがって、戸田が書物デザインを中心としたデザイン活動から離れていくように我々の眼には映った。

しかし、戸田が新しいフィールドに招かれて立ち到ったそのしばらく後に発表される成果に触れるたびに「エディトリアルデザインという思考」がより鮮明な輪郭を描いていることがわかる。戸田における「エディトリアルデザイン」は通常のブックデザインが指す作業形態を超え、彼の生活全般そのものに深い波及をもたらす思考でさえあると言えるのではないだろうか。簡単に言えば、戸田が何をしようともその活動を支配しているのはエディトリアルデザインという思考なのである。その内部に検証を進めるべく、戸田の二十五年にわたる「エディトリアルデザイン」を描いてみよう。

知られるように、戸田がデザインを本格的な仕事として始めたのはオブジェ・マガジン『遊』の編集デザインからだ。そこでデザイナーとして初めて接したマニュアルが、ギリシャから現代までの幾何学に関するもの、感覚生理学・科学思想に関する多くの書物だった。中でもニュートン力学の汎神論的部分に壮絶な批判を展開し、二十世紀物理学の前提をつくりつつ反マルクス主義思想としてレーニンから排除され、拳銃自殺を図った科学者エルンスト・マッハ（一八三八〜一九一六年）からの影響は決定的だったように推測される。なぜなら本書の冒頭から掲載される作品群のすべてがいわば「マッハ的」であり、戸田もいくつかの取材において、「自我は、不変の、確定した、尖鋭に区画された統一ではない」（『感覚の分析』所収「反形而上学的序説」、須藤吾之助・廣松渉訳、法政大学出版局、七一年）を引用しているからだ。

「視覚美術、グラフィック・デザインが映し出す表層が作家の想念や自己史と一対一で対応してきて三〇年近くになろうとしている」（『断層図鑑』、北宋社、八六年）、あるいは「…少なくとも私はクリエイターなどという重苦しい自覚は捨て、高性能のセンサーであり、トランスファーでありたいと願っています」(『空相の現代建築』所収、三宅理一との対談「乱反射する視線」、鹿島出版会、八七年)といった戸田の発言には、自我もこの世界に実はなく、習慣性の強い感覚の集合体であるとして、古典的な主体観を斥けるマッハ主義が色濃く影を投じている。もっともこうした発言に私はときに剥き出しの気負いを感じることがあり、それなりに気がかりであった。

自己の表現活動としてでなく、メディアの結節点を構成する部品としてデザイナーの任務を置こうとするように見える戸田の活動形式であるが、デザイン状況・一般の言論を背中で批判しつつ、胸を抱えうずくまる両手で暗い暗部に視線を遣ろうとする体形は必然的に「エディトリアルデザイン」に辿り着く。

さて、戸田は一九七三年に工作舎に入って雑誌『遊』のエディトリアルワークを担当したことで第一歩が標される。『遊』は松岡正剛が編集の中心となって七一年に創刊された(当初は不定期の刊行)。七〇年代初めは、勢いは衰えつつあったものの、依然として六〇年代半ばからの反体制運動の余波を引きずっていたといえるであろう。それに呼応するように出版の世界では既成の状況に風穴を開ける動きが急だった。わが国でも次々と発刊されることとなった「サブ・カルチュア」誌がそれだ。『遊』も大きく分ければその範疇に入るが、〈オブジェ・マガジン〉と銘打って、ジャンルの壁を突き崩しながら、知の枠組みをシフトさせる独自の編集が異彩を放っていた。表紙などのデザイン構成は杉浦康平が参加し、エディトリアルデザインの果敢な実験が注目される存在だった。

『遊』に入って早々に、戸田はグラフィック系を学んできたからということで、いきなり大日本印刷と編集やデザインに関する進行を担当する。実地経験のないに等しい戸田にとって、当然のこととは言え戸惑うことの連続だった。

――次々といろんな事態が舞い込んできて、はじめは何をやっているのか分からない、印刷の営業の人や現場に対してもどう対応したらよいのか見当のつかない状態だった。そこで印刷工場の現場に行ってみようということになったんです。活版印刷は、デザインのプロセスにおいてある種の世界観を構築する絶好のメディアになりえるのではないか。活版印刷というものの考え方、活字をはじめとする単位の捉え方には、建築学的でピタゴラス宇宙ともいえるような、序列が隠れていると感じました。デザインというものはそういう具体現場を引き金として、広大な世界観を展開していく装置ではないかということを少しずつ感じることが出来るようになりました。

デザインの出発点において活版印刷の基本原理ともいうべきものに触れ得たのは幸運であったというべきであろう。いうまでもなく、グラフィックデザインと出版は最終的に印刷というシステムを通過することによって成り立っている。コールドタイプ方式（写真植字、電算写植による組版とオフセット印刷）の躍進目ざましい七〇年代初めではあったが、本文印刷においてはホットメタル方式（金属活字による組版と活版印刷）は依然として健在であったし中心的であった。タイポグラフィ（印刷術による文字を中心とした視覚効果の構成）は出版デザインの原点であるが、金属活字の構造がもたらす必然的な原理、いいかえると、印刷表現技術論で知られた故・小池光三が「矩形の秩序」と形容した純粋な法則性は、戸田のデザインとその背景を検討するうえで見逃せない。やがて日本は超大量印刷時代へと突入し、出版印刷世界はまったく新しい領域へ進まざるを得なくなり、活版印刷は次第に姿を消していくことになるのである。

戸田はほどなく『遊』のエディトリアルデザインの中心的な役割を果たすようになる。折に触れて同誌にデザイン論も寄せている。この中で、第八号（七五年）「叛《はん》文学非文学」特集中の「チョムスキー式『日本の文学者の言語感覚分析』」で独自のダイアグラムを作成している。石川淳や安部公房の文体の構造を、言語学者チョムスキーの生成文法論を援用して解析し、立体的な概略図としてモデル化したものである。

講談社現代新書数冊のカバー裏という変則的とも言える企画で「知の系図」と題する編集と作図とデザインが一体となった作業は、前記『遊』のダイアグラムとともに、冒頭に述べた戸田の認識論的観点を基礎にしたグラフィックデザインの本格的なスタートが切られたと言ってよいだろう。

この時期を形成した特筆すべきプロジェクトに松岡正剛ほか編集・構成『全宇宙誌』（工作舎、七九年）の本文編集デザインへの参加がある。『全宇宙誌』は最新の天文学と宇宙論を網羅した、四百ページに近い大冊。数年がかりの仕事だった。そしてこの開始時、戸田は同書のアートディレクターである杉浦康平と初めて出会っている。杉浦がマスタープランをつくり、それにしたがってレイアウトスタッフが作業を進めていたからだ。なお、戸田は同書にはデザインのほか、初めての論稿「円形宇宙の幾何学」を寄せている。正方形と対比して、円こそが宇宙的存在としての我々の感覚を保証していることを、古今の自然学や芸術を渉猟しながら明らかにしようとする刺激的で楽しい一稿だ。後に講談社出版文化賞において戸田を推薦したこの時期の杉浦は、俗に言えば全盛期とも言える圧倒的なインパクトで書店やメディアを席捲していたその真只中だった。戸田は二十四歳での初めての会見を回想する。

――「グラフィックデザイナー」という存在に初めて会ったという記憶です。それまでにそれなりの専門家に会ってきましたが、理念と直結した著名人は初めてだった。思想・言説・仕事・動作……それらのすべてにデザイナーとしてのプロフェッショナリズムが感じられました。その経験が知らない間に基準になってしまいました、恐ろしいことに……。

しかし六年近くの年月で完成した『全宇宙誌』が刊行された一九七九年、戸田はすでに工作舎にいなかった。一九七八年五月に退社。

一九九六年十二月に三鷹市芸術文化センターで「天井桟敷のポスター展」が開かれた。私は、横尾忠則や粟津潔、宇野亜喜良らのそれとともに、戸田の作品が並んでいるのをまのあたりにして印象深いものがあった。エディトリアルデザインを中心にして活動してきた戸田のまとまったポスター連作はある意味で珍しいからだ。「奴婢訓」（七八年）、「観客席」（同）、「レミング」（七九年）、「百年の孤独」（八一年）などがそれであり（イラスト・合田佐和子とのコンビが多い）、緊密に構築された完成度の高い作品群だ。アングラを色濃く染め上げた土着の情念に足元をすくわれていないのは戸田らしい。このうち「観客席」は文字がすべて裏焼き（鏡文字）という、「読むことの制度」への批判さえ感じられる挑発的なスタイルをとっている。

これらの仕事で注目されるのは、文字通りノイジーな図像を戸田が意識的に取り込んでいることだろう。ノイズとは一般的には騒音とか雑音にしかすぎず、マイナスのイメージしかもたれていない。しかし、ノイズは宇宙および地球に電磁波として満ち満ちている。戸田が『断層図鑑』に引用しているJ・G・バラードの身体記号論によれば、われわれの身体も過去の「でたらめ」な記憶を宿している「雑音物体」なのだ。モダニズムが排除したこうしたノイズ観を果敢に取り入れるにあたっては、寺山らしいサジェスチョンがあった。

——こうやってしゃべっている声や音というのはどこにも消えていかないんだよ……と、渋谷の中華料理屋の喧騒の中で三人ぐらいで話したときに寺山さんがささやきました。ちょうどそれは進化宇宙論の中に出てくる背景輻射という考え方とほぼ同じ原理だったよう

戸田ツトムブックデザイン：戸田ツトム『断層図鑑』北宋社　1986年

に思え、イメージとして表現手法として、そしてノイズという原理としてすべてにおいてOKという感じだったんです。音が聞こえるということは空気を叩いていることだから、その叩かれた空気は絶対別の空気を叩いているということであって、発生した音というのは絶対消えない。同じように、自分たちが発した音というのは、どこかからエネルギーを変換しているんだ、と。そして、熱学的な法則と同様に、音というのは具体的に音として聞こえているときには密度が高くなっている。だから、世界というのはノイズなんだ、と寺山さんは言っていたように聞こえた。

あるいは、『遊』の六号で武満徹が「音の空間というのはジュウタンのようである」と。ぐっとシワやヒズミが寄ったところに音が発生する、だけどジュウタンだから、音は原始自然音のようなものとしてもともとある、という趣旨のことをいっている。こうした言説のすべてに中華料理屋での一瞬が連鎖しました。

ノイズをモデルとした思考・ノイズへの郷愁は、後に二冊目の著作であり、全ページにわたってノイジーなイメージで覆い尽くされ、ざわめきに満ちた『断層図鑑』（北宋社、八六年）などに結実していくことになるが、このノイズとも関わると推測される旅行（戸田は旅行嫌いであるが）を八〇年代初めにしている。

セックスピストルズ解散後の短いロンドン滞在で戸田は、昼は人に会い、夜はクラブへという、不眠の毎日を過ごした。これといった方針もなく知人関連で人に会っているうちに一瞬で時代に直に触れている。ＮＭＥの編集者でミュージシャンであるビビアン・ゴールドマン、プログレッシヴ関係のアーティスト、ロジャー・ディーン、ヒプノシスのソンガーソン、ヴァージンのブランソン、ラフトレード、ファンクバンドのPOP GROUP、ボブ・マーレイを初めてイギリスに呼んだというジャマイカ人のドノヴァン（彼はCLASHの〝LONDON CALLING〟のビデオの監督・撮影者）ほか多数……街は東京以上にノイジーだった、と戸田は言う。イタリア未来派のルイジ・ルッソロが一九一三年に「騒音芸術」宣言を発したことに淵源をもつノイズ・ミュージックとも接近していたといってよいだろう。基地にしていたロンドン北部のカムデンの友人宅近くのローラーディスコにおける超伝説的ノイズバンド（仲の悪い二人）THIS HEATのパフォーマンスで、ロンドン来訪の確かな感触と衝撃を確認して帰国。

戸田のこの小旅行は、ポスト・パンクに代表されるような、ひとつひとつの音を解体し検証しながら、新たな音の「風景」を構築しようとする企てから触発されることの多い旅だったといえるだろう。「音楽」の解体と再構築がもたらした触発は既存のグラフィックデザインを検討し、その検討にともなう不安を逆転させる強心剤のような役割を担っていたようだ。

――エディトリアルデザインの明文化されてはいないが暗黙の了解事としてある約束を検証し直すのに音楽が試みていた、メッセージの流れにブレークを介入させ、文節をくずして別の意味を生成させる試みには興味をもったし、影響も受けました。「天」とか「小口」、「のど」の余白は文字組みの版面の何パーセントであるべきだとか、文章の「息継ぎ」も決められているようなパラダイムに対して、まったく違う角度から別の「気圧」を入れて価値転換を図る試みはそれまで皆無に等しかったですから。

音が発生する「現場」に派生するこうした関心は、後に述べるエディトリアルデザインでの手法に結実していくことになるが、それはまた車の両輪のように、もうひとつ戸田が執拗に手放さないでいる課題でもある「地と図」の問題とも深くかかわる。

「地と図」の問題意識を深く喚起してくれたのはやはり先に触れた『全宇宙誌』のデザインに携わり、関連書を読み漁ったことが契機となっているというが、デザインの発生にとって「図の発生」はのっぴきならない問題でる。図をどう解釈し、どうデザインとして定着させるかは、デザインの根幹にかかわることだからだ。デザインの思考回路のありようが問われることでもある。

――宇宙の始源のイメージは当初の混沌の中から、密度のささやかな差ができ、より高密なところは質量が高まり、回りをどんどん集めて物体化に向かい、空疎なところは引っ張られていく。それが世界の始まりのわけですが、それはちょうど何もない白地のなかから図が発生するのと似ている。地と図の関係ははっきりとしたバックグラウンドのある二元的なものではなく、地のなかからそこにちょっとしたシミがあるということを発見することによってはっきり見えてくる。したがって、図になったり、文字になったりというようなデザインの発生には、そういうイメージが根源的な大前提としてあると思います。たとえば、牧草地に杭一本打つことで、草の生態系が変わってしまう。リスなんかの動物の行動形態が違ってくる。そういうことが波及して、生態系がゆるやかに、しかし大きく変化していく。ですから、最初の杭はノイズの投入にあたる。それと同じようにしてデザインやノイズ、さらには認識の発生があるのではないか。この発生プロセスのイメージだけは絶対に手放してはいけないと思いました。「音楽」ではなくまず「音」ありきというように、現場をもつ環境に目を向けないといけないということを切実に感じました。

その後、戸田は「地と図」に剥き出しとも言える直截《せつ》さで対処しようとする。初の著作であり、「グラフィックデザイナーの抽象力と想像力」を内外の知識人に知らしめた、濱浦恵美子との共著・写真集『庭園都市』（どうぶつ社、八六年）を発想したときのことをはっきり憶えているという。

――青山通りのヴィクトリアという喫茶店で多分午前一時頃、連日の深夜作業で随分疲れましたが濱浦恵美子たちと夕食をしてました。帰りにそんな場所でそんなメンバーということは何か話がしたかったんでしょう。「ことばやデザインだけでは駄目だ、もっと視覚的

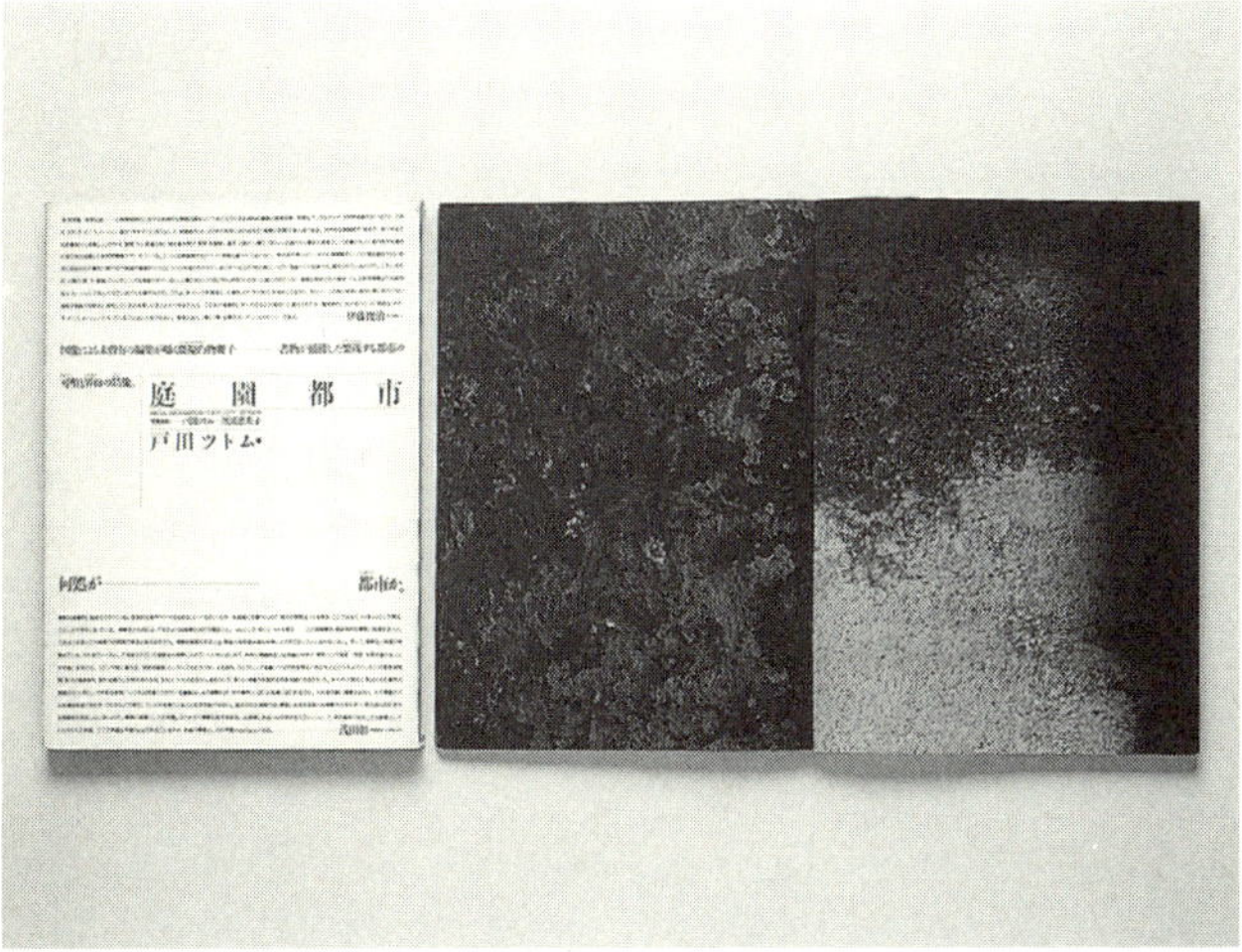

戸田ツトムブックデザイン：戸田ツトム・濱浦恵美子『庭園都市』
どうぶつ社　1986年

で直截な手法、物体そのもののような本造りをする必要があるね、海外に対しても……」みたいな話になったその瞬間、脳裏に現在の『庭園都市』が出来上がりました。その後は実現へ向けて必死、という感じでした。

徹底的に都市・東京の表層にこだわることで、同書は地と図に先験的に文節するしようとする我々の認識を無効にする刺激的な試みだった。フランスの思想家、米国の社会科学・工学系研究者、そして日本の知識人……が、多く密かに入手し、戸田の著作に注目する端緒となったことでも知られる。

さて、こうした認識の発生プロセスへの、いうならば「発生状態」そのものへの思考は、同時に戸田の三つ目の戦略知である「システムとしてのデザイン」の考えと表裏をなすものであろう。

独立後の戸田は、まだ書籍装幀に照準を合わせるまでには至っていない。当時盛んに刊行され始めていた様々なサブカルチャー誌のデザインに取り組んでいたその傍ら、戸田は自ら八一年に創刊した『MEDIA INFORMATION』、続いて八四年創刊の『SPHYNX』（麻布書館）の刊行を通じ、既存のジャーナリズムを対極に置きながら、個人のメディアを舞台にして独自の原理としてのデザインを発信しようとする。戸田のように「個人とメディア」にシステムとデザインの問題を見出そうとするデザイナーは例がない。さらにその後、アジアを代表するフィリピンの作家シニョール・ホセとの親交から政治・文学・メディア…

…そして王権の崩壊をともなう一九八六年の革命を眼の当たりにしてきた戸田がほどなくしてDTPにまったく新たな活路を見出すのも当然の論理的な帰結である。

こうした実践から、演繹《えき》的に導き出されたのがこの「システムとしてのデザイン」であっただろう。それは、先にふれた活版印刷の場合と同じように、表現を自動的に生成するマクロな構造を明かにすることにほかならない。


——デザインという仕事はシステムであって、視覚的な表現としての問題ではない。グラフィックデザインの最終の着地点である印刷の場合も、自分だけでつくるわけではなくて、ひとつのメディアワークとして現場とかかわっていく。だから、人間的に直接かかわるよりは、システムとして間接的にかかわっていくべきであろう、と。たとえば、特定の製版者をデザインや写真家の大御所は指定したがるわけですが、この手法は駄目だ、メディアではない。メディアというのは、システムのなかを表現が蛇行しながら流れていくことでできあがっていく。営業の人の見識があり、解釈や誤解があって現場の人の組み立てがある。様々な層があり、コストなどの経済問題がからんでくる。それら全体を我々は引き受けなければならない。「この製版は○○さんにお願いしたい」は一見、さすが高度なコミュニケーションをなさいますね……に見えますが、単なる実績依存の権威主義でしかない。

ただしそこで、予測のつきにくい印刷現場にデザインをリリースするにあたって、草地に杭を打つような一つのインジケーターとなるものが欲しかった。全体を管理し、制御してしまうようなものが、自分の中のデザインにないものか、と。そのひとつとしてノイズがあったわけですが、汚れにしか見えないという意見もあってメディアでの効力が薄いと判断した。そのとき、もうひとつのパラメーターとして出てきたのが「ケイ線」だったわけです。

そこで戸田が取った方法はケイ線の四色分色指定で、はじめは色別に一色ごとに四枚の版下をつくり、それぞれにトンボを引くという過激なものであった。『二十一世紀精神』（工作舎、七五年）などで試みたのだが、さすがにこれには印刷所も音をあげてしまい、一本のケイ線に対して四色掛け合わせ（後にスミ色を除く三色掛け合わせ）に変更した。営業・業務統括管理、そして製版・印刷現場の人々がその指定を記憶してくれていた。つまりささやかな負荷がかかり、その部分が焦点となり、「注意」という動作への喚起があったように、校正を見て感じた、という。

——印刷の全工程で、入稿・製版から刷りに至るまでマニュアルにないお達しが流れます。そのことである程度注目してくれて効果が出た。全体にビシッとした硬質な仕上がりとするための必要な焦点がケイ線だったということになります。状況を覚醒するためには様々な原理を知っておかなくてはならない、そういった戦略知を行使することによって技術やそれと直接関わる人とのコミュニケーションが発生する。原理を無視した手法ではそのコミュニケーションは生まれませんし、スリリングでもないでしょう。

　同じように、印刷現場さらには書店という現場の原理と構造をあらわにしながら、より高次の作業状況を共有しようとする視線は、やがて「刷りの現場はスミ一色の印刷を最も警戒する」ことの発見につながる。オフセット四色のカラー印刷はある意味で最も簡単な印刷なのだと戸田はいう。校正刷りを盲信するデザイナーや写真家であればなおのこと……製版の現場で刷られた校了紙通りに刷れば大体ＯＫ。いいかえるとカラーのほうがごまかしが効くということだろう。一色印刷の作業現場に戸田はよく足を運び、そこで起きる微妙なアクシデントのやり取りは楽しかったという。また、「一色の立ち合いを受けたのは初めてだ」とよく言われたという。

　こうしたマクロな構造的洞察にたって、八四年ごろから以降、戸田はブックデザインとエディトリアルデザインという、いうならばミクロな「戦い」に集中するようになる。おおまかに言ってしまえば、思想、哲学や社会学の新潮流にスタンダードとなるデザインを寄り添わしたことが特筆される。とくに、浅田彰を中心としたいわゆるニューアカデミズムの旗手と言われる思想家たちが編集した季刊誌『ＧＳ』（冬樹社、八四年創刊）のエディトリアルデザインに携わるなど、折からのブームにデザインの側から一石を投じる。行ブロックで異なる字数、文中の行間の変化、ケイの多用によるシンタックスの攪《こう》乱など、エディトリアルデザインの定型に揺さぶりをかける戸田の試みが実戦レベルで噴出してしまう。

一部の寄稿者・外部からの批判や反発を買うなどの物議をかもしながらも、誌面を多義的な要素の集合としてとらえ、独自の「秩序と誤差」に満ちたスタイルを鍛え上げていくのだ。それにしても、識者の大半がこと本文組となるとたちまち「保守派」に転じるのは不可解だ。

雑誌デザインに限らず書籍装幀においても同様の関係でデザインに臨むが、装幀においてはエディトリアルデザインとしての捉え方から、書店空間における物体・販売↔購読という科学・テキストの視覚化……といった関連がさらに課せられる。

――装幀は着せ替え人形かパッケージデザインとしてのそれではなく、テキストそのものに何らかの関わりをもつことだと思う。著者の意図が文章化された時点で、すでにテキストは別のメディアになっている。それはもう完全に著者ひとりのメディアではない。そこにデザインや読者の視線が介入してくることによって書物が完成へ向かおうとするわけですが、書物と人との関連は書店での偶然の出会いがどう発展するのか……という光景に象徴されるように思うわけです。装幀が支援できるのは生物学的で生理学的な側面だけです。重層的に注視点を設定し、本と人との間に猶予と躊躇に満ちた不確定な空間をささやかにでも展開できれば、と思ってます。

ここで補足したいのは、戸田の談話が対象としているのは、おもにいわゆるベストセラーを狙うような出版物ではなく、読者が実際に手にとって内容を吟味しながら購入を決めるにいたる手堅い本が大半であるということである。広告で大々的に宣伝攻勢をかける本とはおのずと異なるメッセージの送り方や戦略が求められるのだ。これは後に戸田がマスメディアのデザインを開始したときに、まったく異なるアートディレクションを展開したことによって右の発言の明確さが逆照射されるのである。

——こういった書物装幀においては、一瞬で内容が理解できるようなヴィジュアルやデザインを提供してはかえって逆効果である場合が多いようです。書店に来る人が最初からそれを目がけていくような意識によって発見される本でない場合が多い。何かいい本はないかと、ある揺らぎをもった不確かな心理状態で書店に入ったときに、そういう迷いと共振できるような身体的な関わりを持てるデザインでないと「発見」に至らない。表紙の上を流れる視線にときどき揺らぎを与えるような、意味と予測が誘導する視線移動を邪魔するようなケイ線が大きな意味をもってくるし、遠目には読めない小さな文字の引用文などが入ることで、明視距離が立体化・重層化する、本を手に取らなくては読めないような文字も配置されている……そういう身体との関わりをデザインとしてどう起動するかを考えてきたわけです。

こういったデザインへのアプローチは、お気付きのように我が国では他にまったく類例を見ない、と言ってよい。デザインを生物学的あるいは生理学的な対象として、はたまた構築物として組織化しようとする手法は、形態操作による効果よりも構造と戦略を重視している。これ以上進めたらデザインそのものを自己解体させてしまう臨界点を照射し、読者に見せているような状況もときに見受けられる。こうした複雑に複合する要素がデザイナーや若者を中心に圧倒的ともいえる支持を集めることになる。

そして戸田が講談社出版文化賞ブックデザイン賞を受賞した頃（八五年）から出版界は装幀ブームなる季節を迎えるのである。杉浦康平、菊地信義、そして戸田ツトムを軸として展開されたグラフィックデザインの新しいムーブメントで、この三者に追随するような多くのデザインをともなって書店店頭の風景は明らかに変化し始めていた。

しかし、このときも戸田の視線はすでに「装幀」だけにはなかった。一九八六年夏、米国Aldus社（Aldusとはグーテンベルクとは異なる市場、イタリア市民社会において印刷術の普及に寄与した発明家であり技術者）の開発スタッフとの接触が始まった。つまり世界的なＤＴＰツールであるPageMakerというアプリケーションソフトのメーカーであり、ＤＴＰということばを発したチームそのものであった。

――繰り返しになるが、ケイ線とか小さい文字の引用文の装幀への掲出、そして不意の改行……そうしたノイズを投入することによって読者の「注意」の形式が変更され、ある空間意識を喚起すること、そのようなプロセスをともなって、「図」は、視覚の対象物ではなくて、むしろ認識の中にも発生する、という見当が自分のデザインの方程式にある。これをことばで説明しようとしても、ほとんどの場合、イデオロギーとしてしか理解してもらえないことが多かった。もう少し普遍性をもったエンジニアリングとして言っているつもりだったのですが。このエンジニアリングをもう少し論理的に伝えてくれる環境はないものだろうか、それはコンピュータしかあり得ないのではないか、と。当時のコンピュータのデザイン作業の実現能力はゼロに近かったわけですが、可能性としてはもうこれしかないのではないか、と感じていました。

一九九九年現在のデジタルデザインの状況を見れば驚くべき洞察力と言うべきだろう。もっとも当初はコンピュータ（マッキントッシュとその単一系統システム）の不完全さに戸田の苦闘が続いた。その格闘中にたびたびコンピュータの内部を開け、ハンダを片手にパーツの交換までしていたことは知る人ぞ知るエピソードだ。八九年に発売されたレーザーライタNTX-Jには日本文字の二書体が載ったというので購入してみたが、縦組ができるツールとレイアウトソフトがなかった。それらしいものはあったが、句読点がとんでもない位置に出たり、横組用の音引きが縦で出たりするような惨状を呈していた。アメリカからやってきた出版革命も当初は美しい器に精妙に盛り付けられた日本料理をナイフとフォークで突ついているような、おそろしくギアの噛み合わない代物であったのだ。そういう不備を整理しながらようやく日本語版のQuarkXPressが発売された。それとほぼ同時に間髪を入れず刊行したのが、我が国初のフルＤＴＰによる『森の書物』（ゲグラフ、八九年）であった。

同書はＤＴＰの入門書ではあるが、いわゆるマニュアルではなく、Aldus社のグラフィックツールFreeHand1.0で作成したグラフィックとQuarkXPressによるページレイアウトを駆使しつつ、デジタルデザインとＤＴＰの遥かなる可能性を日本のデザイナーに知らしめ、一九八九年をＤＴＰ元年と位置付けさせたモニュメンタルな出版だったと言える。ついで作家池澤夏樹の文と戸田の図像とのコラボレーション『都市の書物』（太田出版、九〇年）、戸田の図像世界と印刷の威力、そしてコンピュータにしか成し得ない不可思議な図像世界の圧倒的な魅力を展開した『DRUG／擬場の書物』（同、九〇年）を相次いで刊行してＤＴＰ三部作を完結させ、デジタル表現の基盤づくりに大きく貢献する。その後も『黄昏の記述 Description of Twilight Knowledge』（平凡社、九四年）、『Adaly 重力のほとり』（アスキー出版、九五年）とビジュアル表現の最新の成果を波状的に紹介していく。文字どおり怒涛のような展開の背後には創作という欲求のみが機動力となっていたのではなく、むしろコンピュータ関連技術の進化と連携しながら表現へと矢継ぎ早に還元していくという行動だった。

――グラフィックデザインの可能性をデジタルの世界で検討してきた目的のひとつは、要するに印刷の素晴しさと、コンピュータによる図像表現の図抜けたすごさの魅力をうまく合体させたい、と。たとえばコンピュータは〇・一ポイントのケイ線を平気でフィルム上に出してしまう。〇・一ポイントの線を印刷媒体で人間が視認するのは歴史上初めての体

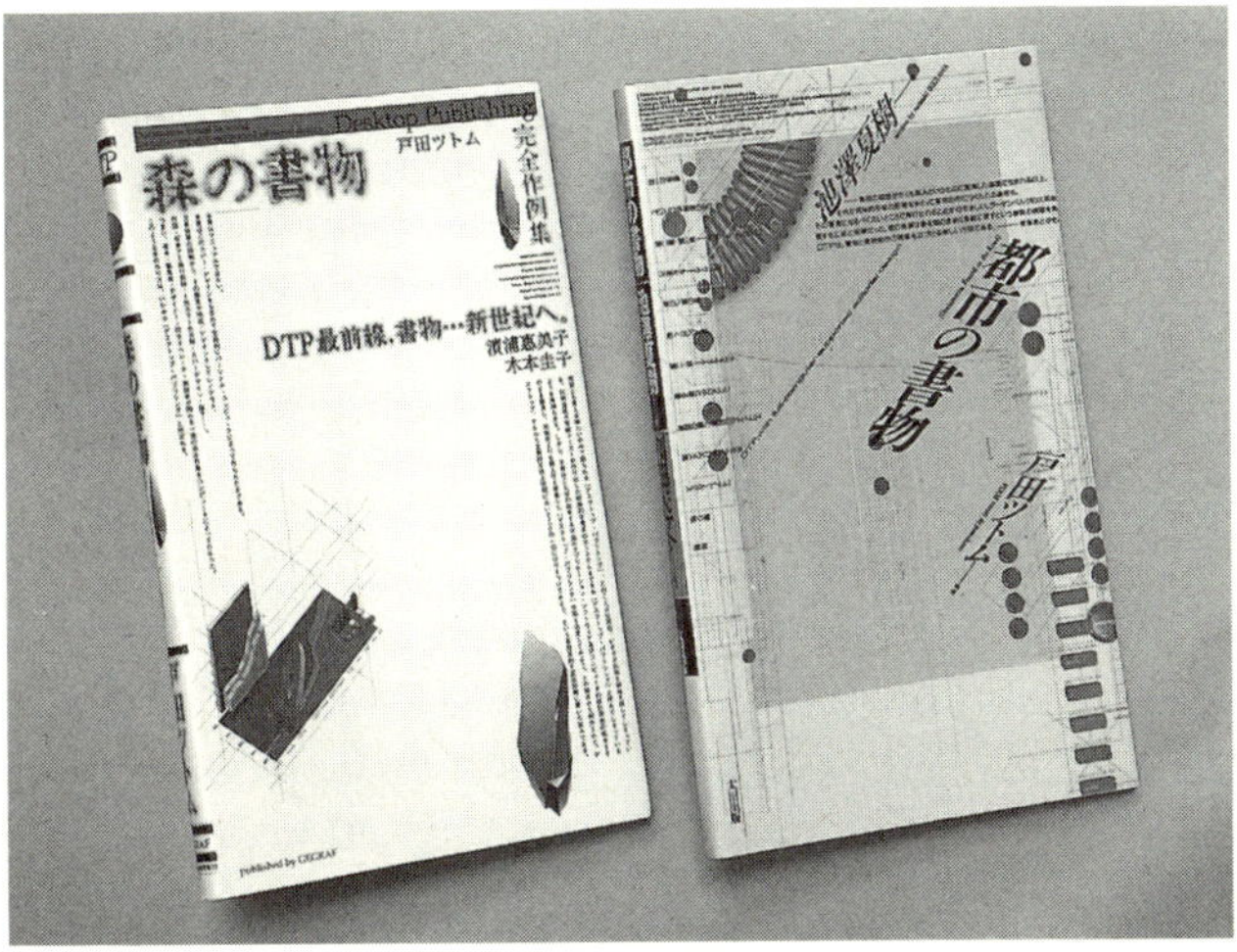

戸田ツトムブックデザイン：DTP先端の成果を示す戸田ツトム『森の書物』ゲグラフ　1989年　と池澤夏樹『都市の書物』太田出版　1990年

験なはずです。それと同様にコンピュータは在来技術をメタファーとしつつ実の問題として報告しながら、自分が見届けたいものをこれまで本にしてきたという感じです。

開発途上の「技術」のプレゼンテーションを受け、それを解釈し直し、市場や社会状況を見据えつつメディア化する……という一連の連携作業はその後、様々な内容と形式で展開されることになるのだ。そのような意味において一九九九年現在、戸田の抱えている課題は「一＝グラフィックデザイナー（自分）が映像制作を展開できるような市場環境を点火すること。二＝ポスターや雑誌、つまり印刷物が必要とするメディアを従来の印刷という概念から脱出させ、そのメッセージ性や空間性（例・やたら遠くから見る雑誌紙面とか極端に接近して眺める大判ポスター……といった位相）を検討し直すこと」に集約される。

そして一九九一年から二年間刊行していたデジタルデザインのための季刊誌『Twilight Review』ではすでにそういった課題や問題意識が様々な角度から検討されていた。特筆すべきは『Twilight Review』誌三号におけるカマキリに関するドキュメンタリーであり、こういった作業を通じ、驚くべきデザイン観に辿り着いてしまうのである。

――昆虫のように精度の高い動き、合理的で美しい体形と機能だけで駆け抜ける短い一生……デザインという作業を生物のそのような行動と同じ次元で捉えよう、つまりデザインは生物行動なのだと考え始めるだけでひどく幸福な気分になり、コンピュータがそのように考えることを大きく支援してくれているように思います。

しかし、八〇年代後半に夢想していた技術の進化が達成されようとし、巨大な市場に成長したDTPという二〇世紀グラフィックデザインを変貌させた時代の大きなカーブ、その現場から戸田はまたもや立ち去ろうとしている。

――DTPで最初に感じた可能性は、高品質だとか印刷技術を超えるものをつくるとかいうこと以上に、個人的なレベルで巨大市場にメッセージを発することのできる、いわば社会的にも身体的にも政治的に有力なメディアが出現してきたことにあったんです。一般化できる威力を備えた個人のメッセージのことです。そして、在来の印刷物の世界によってつくられたイデオロギーに対するある種の批判的なメディアとしてDTPがローキックで太刀打ちできるのではないかというところに可能性を感じていたのですが、見渡せば研ぎ澄まされたメッセージどころか野生に欠け、贅肉の多いコンピュータ雑誌が氾濫し、メディアという流路がすべて排水路に変貌していた……。やむなくデザイナーとしてエディトリアルデザインという課題を検討する新しいメディアに向かおうとしました。

NHKでのCG作業や公的機関における様々な映像制作を経て、九七年に発表され、ニューヨークのソニー、パリの日本文化センターのこけら落としなどで上映された高精細立体映像『Archipelago』（ソニー、九七年）へと辿り着く。CGとハイビジョン実写によって表現された仮想世界のシークエンスは、戸田が二十代に精読したエドガー・アラン・ポーの「アルンハイムの地所」などの、夢想の連鎖がつむぎだす人工楽園を次々と回遊するのに照応するような、いわくいいがたい独自の速度感を感じさせるものであった。

グラフィックデザインの半世紀をたどってみると、五〇～六〇年代のホットメタルを基盤とした原弘、七〇～八〇年代のコールドタイプを基盤にした杉浦康平に続いて、九〇年代に入ってコンピュータを使ったデジタル技術に基盤をおく表現を、原理と併せて完成させたのが戸田ツトムだと位置づけてよいであろう。デジタル・グラフィックデザインを駆使するデザイナーはもちろん数多くいるが、コンピュータというギリシャ時代からの西欧思想を結集させた巨大な論理物体をときには敵として、または最愛の伴侶として、あるいは師として棲家として環境として……と様々な見据え方をしながら、さらにはデジタルデザインそのものの中に生物的行動の痕跡を透視しようとするデザイン観へと実作業・時代性をともなって展開し得るデザイナーは今のところ他に出現を見ないからである。

戸田の作業はその表情とは裏腹に徹底した「デザインであって創作ではない」という自覚に基づいている。その基盤は常に技術と市場の解読であり、そこから誘導される解釈と手法の実在化である。このような過程はときとして人々の一般的な予想や期待を大きく裏切り、作品としての「完成度」を等閑視するような表情を見せることがある。それほどまでストイックに手法と論理の照合に重点を置くべきなのか？　手法が形骸《がい》化することはないのか？　といった怖れを無視して戸田の仕事を観測することは出来ないが、一九九三年頃から始まったいくつかのマスメディアへのアートディレクションにおいて戸田は「まず〝売る〟ことにデザインの全力を結集することだ」と断言して憚《はばか》らなかった……結果は時代状況もあり我が国最大部数の週刊誌への飛躍を含み、受注したすべての雑誌メディアのデザイン改変を成功に導き、大きな経済を発生させることに寄与している。

それにしても、今また新たに写真週刊誌のアートディレクションを担当し始め、ヌードグラビアのレイアウトの指揮を執り、米国のメーカーと新しいコンピュータソフトの開発を行ない、先年自殺したフランスの思想家ジル・ドゥルーズ著『フーコー』に始まる次期三部作の装幀プランを検討し始め、夜半ＣＧアニメーションのレンダリングに奮闘する……いまだかつてこのようなグラフィックデザイナーが存在しただろうか？

いずれにしても、ほどなく二十一世紀を迎える現在、戸田の言う「個人的な問題と世界大のメディアがイコール」（『たて組ヨコ組』四七号、モリサワ、九六年）という未曾有の情報革命が進行する真只中で、これからどのような「個人的戦略」を繰り出していくのだろうか。経済の混迷、価値観の混乱が深まる折、本書のような規模の大きい膨大な労力をともなったはずの、作品集の出版から解き放たれた戸田が、この直後から何を解釈しようとし、どのような強度と速度でプロジェクトを展開するのか、はたまた昆虫のように足音も息も潜め、またもや、遁《とん》走するのか……予測することなど不可能だ。

V

出版文化を彩る

〈ウナック〉と海上雅臣の四半世紀

「現代生活に添った現代美術の普及」を事業目的に掲げて海上雅臣が〈ウナックトウキョウ〉（以下〈ウナック〉と略記）を東京麻布台に設立したのは一九七四年一月であった。以来、物故作家をとりあげたわが国初の本格的カタログ・レゾネ『井上有一全書業』の刊行に象徴されるように、類を見ない独自の活動を持続しつつ二〇〇〇年に二十五周年を印し、そして、新世紀の境に、『全書業』全三巻の完結という大業を果たすとともに、次の歴史の構築に向けて第二ラウンドを踏み出したウナック。この機会に、四半世紀を超す活動の軌跡とその意義を、海上の談話をまじえながら検証してみよう。

本題に入る前にウナック前史というべき壹《いち》番館画廊について触れておきたい。東芝ビルの向かい、銀座五丁目の角にあった同画廊は六五年から七一年まで開かれた。海上は一九三一年生まれであるから、三〇代半ばから四〇代に至る期間である。ここで海上は、画廊の枠にとどまらない、出版や制作プロモーション、記録映画づくりを含めた多角的な実践を行っており、後のウナックの足どりを十分に予感させる。筆者にとっても、たとえば「モナ・リザ百微笑」展は、印刷上の実験というにとどまらない、アートとグラフィックデザインの境界を取り払う新しい表現の登場として目を開かされたことが、今なお鮮やかな印象をとどめている。

前述のようにウナックの創立は七四年であった。七四年というと「モナ・リザ展」のあった年。防弾ガラス越しに眺めるたった一点の絵のために、総額二億一千万もの費用がかけられた。前年の七三年にはオイルショックが日本を襲っている。美術市場も大暴落した。

ウナックを立ち上げるにあたって海上が、こうした内実を欠いた、空疎な美術ブームと一線を画そうとしたことはいうまでもないであろう。さきに壹番館画廊を閉じたのも、当時横行した見識なき画商による現代画家群の作品値上げが、必ずや招来するであろうパニックに巻き込まれないようにとの、海上らしい決断の結果だった。

ウナックを始めた海上が、蓄えていた情熱を一挙に放つように、まず矢継ぎ早に取り組んだのが美術書の出版であった。

第一弾は、「メキシコの画家」北川民次の『バッタの哲学＝アフォリズム』。もっぱらヨーロッパに目が向けられていた戦前に、メキシコで十五年間活躍し、ダイナミックで民俗性豊かな画風で知られた民次は、このとき病床にあった。その無聊《ぶりよう》を慰めるために海上は、民次があたかも自画像のように描き、数多く残してきたバッタをテーマとした版画に添えて、新たにアフォリズム（格言的表現の断章）を書き下ろすように提案。そして、そのふたつを組み合わせた寓意性豊かな「大人の絵本」として刊行した。オリジナルプリント二点を収めた限定二五〇部が好評を博したため、普及版千部を追加出版したが、こちらもほどなく売り切れとなった。造本面では、いまやわが国グラフィックデザイン界の最長老であり、七〇年代当時円熟期にあった早川良雄による洒脱な装幀が魅力である。併せて注目したいのは、同書がいわゆる一点ずつ取り出して鑑賞できるポートフォリオの形式を取っているために、挟み込まれた観音開き（絵と文が対になっている）の裏面が何も刷られていない白地になっていること。ここではもとより内的な必然にたった構成であるが、本文中に白地が交互に現れると、読者から落丁本と誤認されやすいことを理由に、新聞社や大手出版杜の美術書はこのような先鋭なエディトリアルデザインを回避し、無難なだけの本づくりにとどまっていることが多いと海上は指摘する。

ポーランドの画家ガーベルが東欧人らしい感性で、経済成長が曲がり角を迎え、空虚さと自閉感のなかに漂流しつつあった東京の街頭風景を描いた油絵とリトグラフに、歌人の宮柊二が詩を寄せた『'73東京幻想』（造本＝柴永文夫）も、実験的手法を採用している。ガーベルが西欧人であることから関連する外装のタイトルは横組みであり、宮柊二は東洋人であることから縦組みである。そして、本文ページにもこの原理を貫いている。また、ここでも油絵の入った左ページと、詩とリトを片観音で配した右ページを対比させ、やはりポートフォリオ形式を採用した構成が斬新である。七四年度の造本装幀コンクールで審査員をつとめていたブックデザイン界の重鎮、原弘が高く評価し、豪華本部門第一位に輝いた。

海上の先鋭な取り組みの特徴がもっとも鮮やかな像を結んだのが、すでに触れた壹番館画廊での開催、ついでパリの装飾美術館での発表で国際的な反響を呼んだ成果をまとめた『モナ・リザ百微笑 JAPON JOCONDE』（タイトルは美術評論家瀧口修造、仏名はフランソワ・マティの命名）。資生堂のデザインを主導してきた中村誠と、遊び心あふれる多彩な活動フィールドで知られる福田繁雄の二人が、製版と印刷上の意欲あふれる大胆な挑戦によって、世界的な名画を下敷きに、イメージの思いがけない光景を現出せしめることに奏功している。そして、その後盛んになった製版クリエイティヴのバイブルと仰がれることとなる（なお、同書の製版を中心になって担当した、凸版印刷の製版クリエイティヴ部門の小嶋茂子が、九九年度野間賞を受賞したのもうなずけよう）。

これまで述べたほかにも、七四年には、二年前の七二年に五十一歳で逝った画家中本達也の作品集『人間賛歌』とポートフォリオ『中本達也銅版画全集』（オリジナル二十四点を収める）及び『残された壁』の三冊を出版している。ウナックの創立理念のもとに「六月の風」を組織し、同名の機関誌の刊行も並行して行われていたことを考えると、尋常ではないエネルギーの投入である。その意図するところを海上は次のように語る。

「『六月の風』は現代美術の愛好家の集まりであり、運動体です。ウナックはその人たちに対して、美術を紹介していくためにどういうことができるかというサンプリングの事業体。だから、それは美術映画であったり、ビデオであったり、展覧会であったり、本であったりするわけですが、この時期に僕は本づくりに非常に熱心に取り組んだといえるでしょう」

翌七五年刊行の『エーゲ海に捧ぐ——木内克ローマ臘型全作品集』も「マーメイド」と

呼ばれる、独特のマチエールと厚みをもつ用紙で本文の「束」をつくり、そこに、戦後を代表する彫刻家による、健康なエロティシズムをたたえる実際の彫刻作品を埋め込むように納めた、まことに大胆きわまりない限定づくり造本である。欧米に比べると遅れていた書籍用の各種用紙が、このころ格段に質量ともにヴァリエーションを豊かにしつつあった状況も後押ししたとはいえ、卓抜なコンセプトがあったからこそ実現した企図であったといえるだろう。普及本では、人体は正面と背面で成り立ち側面はいらない、と極論した木内の最後の大作「エーゲ海に捧ぐ」を表裏等寸に刷った特殊頁を添えている（木内は、犬猫等の動物は主に側面で見られているが人は正面だと言っていたと海上はいう）。

ウナックが独自性を発揮したもうひとつの出版ジャンルが、オリジナルな版画作品のポートフォリオ形式での刊行である。すでに記した中本達也の二書もそうであったが、その代表格が東貞美の三冊の銅版画ポートフォリオである。東は構築的な独自の小宇宙を提示した画家であるが、銅版にじかに刻するビュラン刀によるオリジナル版画集によって、油画で「隙間」を追求している彼の異才は、さらに際立ったかたちで具現されている。最初が『觸視《しょくし》空間』（七六年）で、ついで『時間割』（七七年）、『グラナダ風土季』（八一年）と続いたが、『觸視空間』は早川良雄の造本であり、後の二冊は、早川よりひと回り若い世代にあたる勝井三雄が担当している。三冊にはウナック独特のブックデザイン上の統一性があり、また、吟味を尽くした用紙の選択などには、海上の果敢なディレクションに応えようとするデザイナーの周到な配慮が感じとれる。

海上はウナックの造本ポリシーを次のように明言する。

「豪華なだけの美術書づくりは間違い。アート紙を使っているので重く、かさばる本をつくるばかりで、ひとつも美術的でない。僕にとっての美術書というのは、美術作品の特徴とその作家の精神が〈本〉というかたちで実現したもの。だから作品と同様に、その作家でなければうまれない本、それが僕の考える美術書です」

ウナックが本領とするこうした「オリジナル・マルチプル」の精華が、わが国初めてのオリジナル・プリント集としての栄誉を一身に担う、写真家・奈良原一高の『SEVEN FROM IKKO――「消滅した時間」より』（七六年）である。知られるように奈良原は、写真表現の極限に挑み続けることで、かつてない心象世界を紡いできた「戦後派」の旗手。本書に収められた七点の写真は、アメリカ滞在で生みだされたものであるが、独自の精妙なカメラ・アイが、写真家自身の微妙なプリント効果によってみごとな結晶度をさし示している。

造本は奈良原と同世代で、ブックデザインの世界に新しい地平を切り開く独創的手法で知られる杉浦康平が担当している。外装は浅葱《あさぎ》色というのであろうか、明るいブルーの「たとう」に小さく写真一点を嵌め込んだシンプルな装いが快い。

なお、杉浦は壹番館画廊時代に、夭折した前衛画家工藤哲巳のオブジェ・ブックを、また、海上のコーディネイトで鹿島出版会から出た奈良原の写真集『静止した時間』（六七年）をデザインしているので、本書が海上とのかかわりでは三冊目になるが、これ以降、ウナ

東貞美の銅版画ポートフォリオ：
左より『觸視空間』（早川良雄ブックデザイン，1976年）、『時間割』（勝井三雄ブックデザイン，1977年）、『グラナダ風土季』（同，1981年）ウナックトウキョウ

ック刊行物の重要な局面において、とりわけ井上有一関連書において、杉浦はなくてはならない存在となっていく。

この『SEVEN FROM IKKO』を海上が持参して、ニューヨークで美術書出版の名門であるエイブラムス社の社長に見せたところ、次のような感想が寄せられたという。

「私が美術書の出版を志したのは、自分のコレクションした作品をひとりひとりの作家ごとに出していこうと思ったから。美術出版というものは、このやり方が基本だと思う。私にはそれは完全には実現できなかった。だからこういうかたちの出版はすばらしい、私がもし若かったらやりたかった…」

エイブラムス創業者の高い評価は、国際的な反響の大きさのひとつの傍証であるが、海上は自らが敷いてきた路線への自信を深めたことであろう。このように、それぞれの作家の特徴がよく現れる発表の仕方を、ポートフォリオという出版形式をとおして意欲的に取り組み、造本デザインを含めて従来の美術書にはない新しい方向性を添わせたのが、七四年から八〇年ごろに至るウナックの軌跡であったと要約することができよう。

もとよりウナックの業務は出版にとどまっていたわけではない。出版と連動する〈ウナックサロン〉あるいは他画廊・美術館での作品発表、各種展覧会のコーディネーション、そして、作品頒布会があり、吉岡康弘・高間賢治を生かした映画とビデオの制作があり、そのうちの一つ『大きな井上有一』はアゾロ国際美術映画祭で大賞を得る。くわえて、海上自身は美術批評の執筆活動にいそしみ、自著では『棟方志功、美術と人生』（毎日新聞社、七六年）、『棟方志功』（保育社カラーブックス、七七年）等の労作を上梓している。評伝と作品の展開を振り分けた二著である。

ウナック自主企画の出版もしくは作品発表の主だった作家には、すでに言及した顔ぶれの他にも、前衛陶芸の創始者の八木一夫、アメリカを代表するイラストレーターであるポール・デービス、書もよくした孤高の建築家である白井晟一《せいいち》、抽象画で初めて毎日芸術賞を受賞した宇治山哲平、通念としてのあらゆる像を解体し、組み替え、マスと個体の関連を描いて鋭く現代を視覚化するフランクフルトのトーマス・バイルレ（最初の作品集『バイルレ／都市・集合・エロス』サイマル出版の刊行）、イタリア人らしい感性で透明感あふれる「共鳴するかたち」を提示するマルチェロ・モランディーニ（『美術手帖・別冊』の刊行）、バイルレの教え子で、簡潔な線画に独特の暗喩を忍び込ませるマンフレート・シュトゥンフ、シチリアの暑き風がうず巻くような夢幻世界を描くサルバトーレ・プルビレンティ、と内外の異才推挙が続くのは壮観としかいいようがない。これによっても、民間の一組織であるウナックの、国際的な活動と美術の国際交流に果たしてきた功績の大きさは明らかだろう。

国籍を問わないこうしたすぐれた作家の発掘例として近年注目されるのは、中国陶磁界の新星、高振宇。海上でなくては不可能であった「発見」といってよいであろう。刺激的な著書『やきものこの現代――八木一夫前後』（文化出版局、八八年）でも知られるように、八木一夫以降の「陶」の状況にも並々ならぬ愛情と関心を注いできた海上。その海上が武蔵野美術大学留学中の高の作品に触れて、かつての富本憲吉の初期作品に通じる初々しさ、海上の評を借りると、日本の現在の焼き物作家が喪失して久しい「アマチュアリズムのよき呼吸」を見抜いたのである。そして、ウナックサロンなどでの展観は、わが国の陶芸界にも新鮮な衝撃を与えることとなった。

さて、八〇年代以降のウナックが、なんといっても、もっとも大きな情熱を傾けたのが、井上有一の書業の紹介であった。そして、海上が強調するのは、有一の場合においても、その本来の芸術としての価値を「発見」すること、いいかえると、そこに本来の批評眼が機能することとの重要性である。

知られるように、一字書を中心とする有一の書は、そのあふれんばかりの奔放な精神性の躍動と、現代アートとしての先鋭な構成力によって、早くから海外の批評家、識者の眼を惹きつけていた。深い哲学的な考察で知られるハーバート・リードが名著『近代絵画史』のなかで、日本人作家で唯一掲載作品に選んだのが有一である。そのリードがはたした役割を海上は次のように述べる。

「作家は大勢いる。けれども、これこそ大切な作家だということは、発見者によって世に出る。発見者をもっと顕彰しなくてはいけない。五七年にリードは有一を発見している。だから、最初の発見者としてのリードを僕は尊敬している」

当然のことながら、書表現の極限を突き詰めた有一の衝撃波は、長く閉ざされていた雲海の裂け目からまばゆい太陽光がさしこんであたりの光景を一変するかのように、リードによる「発掘」にとどまらないインパクトを内外のアート・シーンに与え続け、少なからぬ眼をその磁力圏に引き寄せた。そこにはまた、目にはみえぬ天の力が働いているのでは、と思わせる幾重もの人の輪が伏在していた。

その典型がカスパー・ケーニッヒだろう。九六年に実現した有一フランクフルト展プロジェクトの推進役となった人である。欧米各地でテーマ展をオーガナイズし、美術史教授として活躍してきたケーニッヒは、前述のバイルレの強力な推薦もあって、八八年からシュテーデル美術大学学長の要職にある。そのケーニッヒがなんと十九歳！　の若さで有一の作品「山」を買い求めていたのだった。六二年に働いていたケルンの画廊で開かれた有一の個展で、ケーニッヒはその書の強烈な存在感と共振した。購入するのにためらいはなかった。

一方、海上が有一と出会ったのは、一九七〇年。有一の書に心底魅せられた海上は早くも翌七一年に『花の書帖』（求龍堂）を世に問い、有一の紹介に着手する。そして、有一は八五年に六十九歳で逝ったが、翌八六年に海上によって有一の代表作六十二点が京都国立近代美術館に収蔵され、それをもとに同館で八九年に「大きな井上有一展」が実現。その直後に海上はカタログを持ってフランクフルトに飛び、バイルレに会ってこれを見せたところ、「ケーニッヒにもぜひ見せたい」とバイルレが提案。シュテーデル美術大学の学長室に持参したら、ケーニッヒは表紙を一瞥《べっ》しただけで「この作家を知っている」と。それもそのはず、二十七年前にケーニッヒは有一の書と遭遇していたのだから。フランクフルト展実現に向けてケーニッヒが協力を惜しまなかったのはいうまでもないことだった。

奇遇といえばそうかも知れない。しかし、こうしたエピソードを書き連ねたのは、何も思いもかけない因縁話を披露したいためではない。ウナックという事業体、「六月の風」という運動体のふたつの母体があってこそ、こうした人のネットワークが編まれたことを指摘したいがためである。

海上は次のように力をこめていう。

「僕はウナックと『六月の風』をつくったために、二十五年間を通じて持続によるネットワークができた。それがなかったら、こういうつながりもできず、何も掘り起こされず、生きてこなかっただろう」

ミレニアムという時代の節目を飾るローマで二〇〇〇年四月に実現した有一の展観（チャンピーノ市立現代美術ギャラリー）も、前述のプルビレンテイとローマ大学の若い美術史学部の学徒たちとの話し合いから、自然発生的に生まれたエネルギーがもとになっている。

これまで検証してきた海上率いるウナックの理念の蓄積が、「美術書のサンプリング」という実践のもっとも純粋かつ画期的なかたちで実ったのが、有一の全作品三千二百三十八点を収めるカタログ・レゾネ『井上有一全書業』全三巻である。

カタログ・レゾネはひとりの美術家の作品について、その題名、サイズ、制作年代、材質、所蔵先などの必要なデータを漏らさず収めたもので、その作家の研究のもっとも大切な基礎文献となるものである。欧米では、パリのカイエ・ダール社から発行されているクリスチャン・ゼルヴォスの手になるピカソの作品目録をはじめ、めぼしい作家のカタログ・レゾネがたくさんあるのに、日本人作家のきちんとしたそれは存在せず、なぜかわが国の出版社のどこも手をつけようとしなかった。

「生前その業績が世界的に喧伝《けん》される評価を得ることがあっても、美術史的かつ市場的に正当な価値づけを主張し、作品個々の質を保証するカタログ・レゾネがなければ、本当の国際性はない。作品でしか訴求できない美術にあって、作家のイメージはむしろ没後作られるカタログ・レゾネによって守られる」と海上は、有一のそれを刊行する意義を説いたものである（読売夕刊九二年六月五日）。

第一回配本（第三巻）が九六年六月、第二回配本（第一巻）が九八年六月、最後の第三回配本（第二巻）は二〇〇〇年十一月であった。作業開始からほぼ十年を費やした全三巻は、日本の出版史から見ても長く記録されるべき出版にふさわしい内容と、その内容に合致した印刷と製本の精度の高さ、傑出したブックデザインが特筆されよう。

ブックデザインはウナック発行の有一作品集『鷹』（八二年）や『井上有一絶筆行』（八六年）の奥深いたたずまいでおなじみの杉浦が担当。周到をきわめる仕上がり（九六年度毎日芸術賞を杉浦はこの仕事で受賞した）からは、出版への「志」を感じ取れることがすっかり希薄になった昨今の書籍では味わえない醍醐味を堪能できる。その充実ぶりは、こざかしく採算をうんぬんするレベルをはるかに超越していよう。いささかの妥協も入り込まぬ、ひたむきなまでの関係者の熱意の総体がひとつに結実したものである。

製本担当の美篶《みすず》堂の上島松男が、ある席で述懐したことだが、外函に入る箔押しは角か

杉浦康平ブックデザイン：海上雅臣編『井上有一全書業』全3巻
ウナックトウキョウ　1996~2000年

ら二ミリ以上のアキが必要だが、杉浦からの指定は一ミリまで寄せるという過激なものだった。限界を超える指示にはじめはたじろいだが、そこは製本のプロとしての矜持《きょうじ》から、特殊な工夫によって期待に応えたという。とはいえ、これも私たちにはうかがい知れない数多くの工夫のひとつにすぎないのではなかろうか。

そして、全三巻の完結を記念して、同じ二〇〇〇年十一月に京都と東京において二つのシンポジウム（海上もパネリストとして参加）と、三会場での特別展が行われたことは記憶に新しい。とりわけ京都の国際シンポジウムには米独仏韓中日の六カ国から研究者・識者が集い、「巨大な魂の書」（両シンポジウムの司会をつとめた芳賀徹の評）である有一の世界が、文化と時代の差を超えて、生の本質を照らし出す普遍性と世界性を獲得していることを、多角度から検証しえて、まことに意義深かったことを銘記したい。

こうして見てくると、井上有一のカタログ・レゾネに至るウナックの歩みと海上の行動の独自性は際立っている。

「欧米では画商にしても出版にしてもジャーナリズムにしても、それぞれが分業で役割分担がきちんと成立している。ところが日本は近代社会が成熟していないから、八面六臂《はちめんろっぴ》でなんでもしなくてはならない批評家が出たということでしょう」と海上は謙遜する。しかし、海上のこれまでの活動のプロセスは、一方で海上自身の成長の証でもあろう。棟方志功や八木一夫の紹介に力を尽くした二〇―三〇代では十全にできなかった作家の社会的評価のきちんとした定着が、井上有一という稀有な大書家との出会いを通していま実現しようとしているのだから。

フランスの美術評論家アラン・ジュフロワは「ウナックは各作家の深い、真実な独創性に対して敏感であり、その源泉に近づき、共鳴した時、彼を全力をあげて支持する」と指摘している（『六月の風』一〇〇号記念号）。まことに正鵠《せいこく》をえた評というべきだろう。また、パリのカイエ・ダール社で若い時に働いたことのある美術史学者ドラ・ヴァリエ女史は「過去千年にも及ぶ日本の伝統に根づきながら、現在に大きく開かれ、もっともアクチュアルな芸術表現を書物として世に出していくこと」を評価し、「かたちこそ異なれ、ウナックトウキョウは、いま日本で、かつてのカイエ・ダールと同じ役割を果していると感じられるのです」とエールを送る（同七〇号）。

井上有一の書業紹介に一段落がついたウナックと海上が、このように世界から注目されてきた独自の姿勢を保持しながら、さらなる挑戦をどのように繰り出すのか、期待したいと切実に思う。

装幀にみる出版文化——時代を映す「鏡」として高まる役割

1　本を購入する最初の手がかりを提供してくれる装幀

本好きの人間にとって、書店の店頭での新刊本との出会いは、もっとも心ときめくひとときではなかろうか。その出会いにおいて、いちばん初めに目に飛び込んでくるのがカバーや表紙に、書名と著者名、それに装画（装図）などを刷り込んださまざまな装幀である。もしその本を買い求めようとしていたとすると、購入を決断する最初の重要な手がかりを提供してくれるのが装幀ということになるだろう。装幀が本の選択肢のすべてということではなく、その後、だれしもパラパラと本文ページをめくって内容を確かめたりするものである。それでも、最初の契機となる装幀の印象が後を引いて、その内容と響き合っていることが多い。内容も問題なさそうだが、なにより装幀がとても気に入ったから、一も二もなく買ってしまったという経験をお持ちの愛書家も少なくないのではなかろうか。

私の知り合いのベテラン編集者Oさんが以前、本の売れ行きは「タイトル五割に装幀三割、目次二割」だと、ある雑誌に書いたことがあった。書店の売り場で果たしている装幀の役割の大きさがしのばれる指摘である。近年の新聞の書評欄でも、装幀について触れた記事がふえてきているように感じられる。読売新聞が報道していたことであるが、つい最近では芥川賞を受賞した藤野千夜の『夏の約束』（装幀・稲葉さゆり、装画・松井雪子、講談社、二〇〇〇年）が、マンガと写真を使ったポップ感覚あふれる装幀によって評判を呼んだ。謹厳実直タイプの文学ファンなら顔をしかめること必定の、甘い蜜をまぶしたようなカジュアルな装いである。しかし、読者の反響は大きく、読者カードにも、小説への感想はさておいて装幀への意見だけを記してきたものがかなりの数を占めていたということである。

文学においても読者層の変化、それにともなう装幀に対する嗜好の変動が急速に進んでいるひとつの傍証であろうか。数年前には「渋谷系文学」の登場として話題を集めた阿部和重の『インディヴィジュアル・プロジェクション』（装幀・常盤響《ひびき》、新潮社、九七年）が、カバーに若い女性の刺激的な姿態を写した写真を大胆に使って注目され、文芸書を写真で構成するブームの引き金となった。

2 「装幀の勝利」と喧伝された『ノルウェイの森』

さらに十年ほどさかのぼれば、村上春樹のベストセラー小説『ノルウェイの森』（講談社、八七年）が、上巻が深紅、下巻が濃緑のいわゆるクリスマスカラーでまとめた鮮やかな装幀で若い女性層の支持を呼び込んだ。ちなみにこれは近来めずらしい著者自装で、「装幀の勝利」と喧伝《けんでん》されたものである。

そのベストセラーついでにいえば、年配の方にはなつかしいかもしれないが、五四年に出版され、二十八万部を超すヒットとなった小説家伊藤整のエッセイ集『女性に関する十二章』（中央公論社）が、『暮しの手帖』誌の名編集長として一時代を築き、同年によく知られる商品テストを始めた花森安治の装幀だった。花森は装幀にも数々のすぐれた仕事を残した。同書は新書判のハンディな体裁で、フライパンや泡立て器などの絵を配している。日常の台所用品の絵柄ながら、それゆえにこそというべきであろうか、当時としては型破りの新鮮さだった。

その六年後に服飾デザイナーの中林洋子を起用した同じ中央公論社の全集『世界の歴史』（六〇年〜）と、続く『世界の文学』（六三年〜）も、瀟洒な装幀で読者の支持を広げ、大ヒットにつながるひとつの要因となった。

3　装幀には日本人独特の美意識が凝縮

これまで挙げた例はあくまでも代表的なものにすぎないが、このように装幀が時代を追って話題に上り、関心を寄せられてきた理由として、装幀がそのときどきの文化状況を敏感に映しとる「鏡」のような役割を演じていることがあげられよう。そして、そこにはい

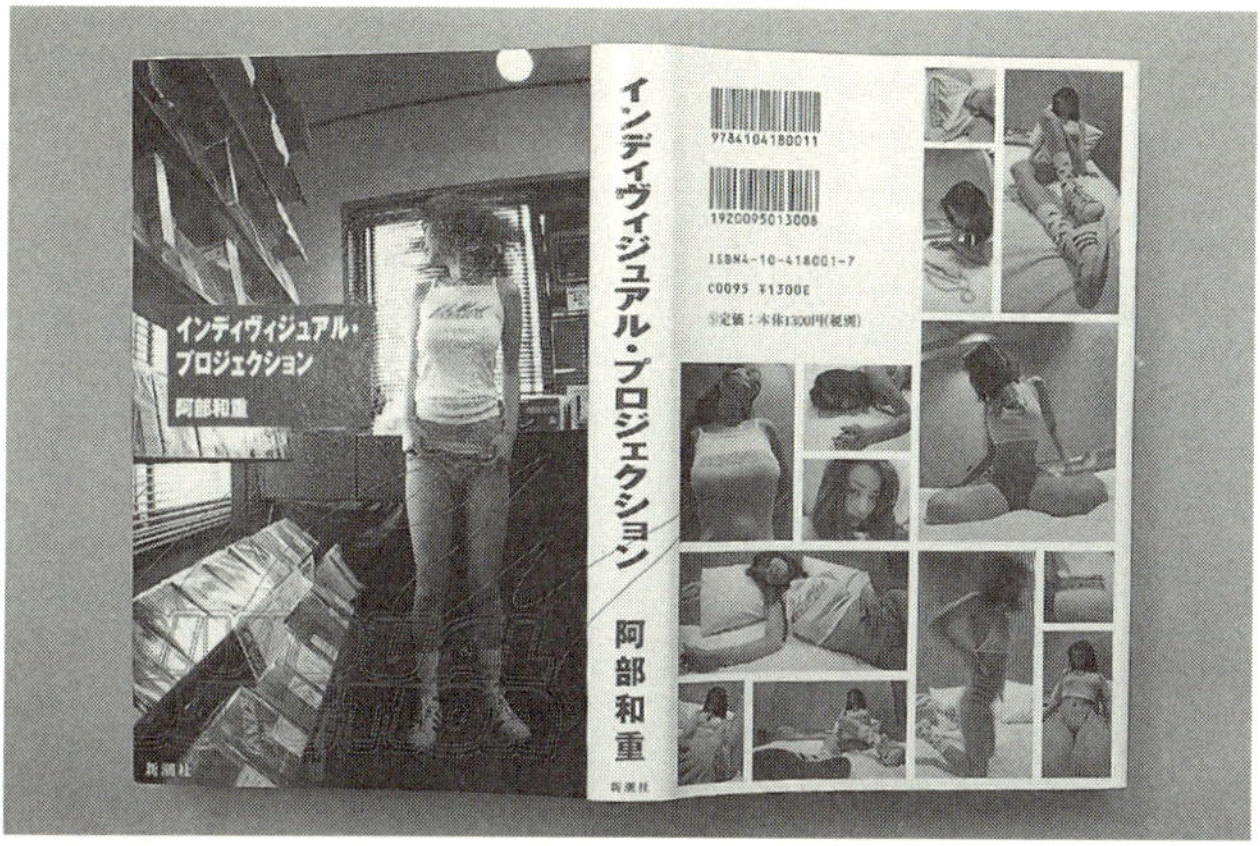

常盤響装幀：阿部和重『インディヴィジュアル・プロジェクション』新潮社　1997年

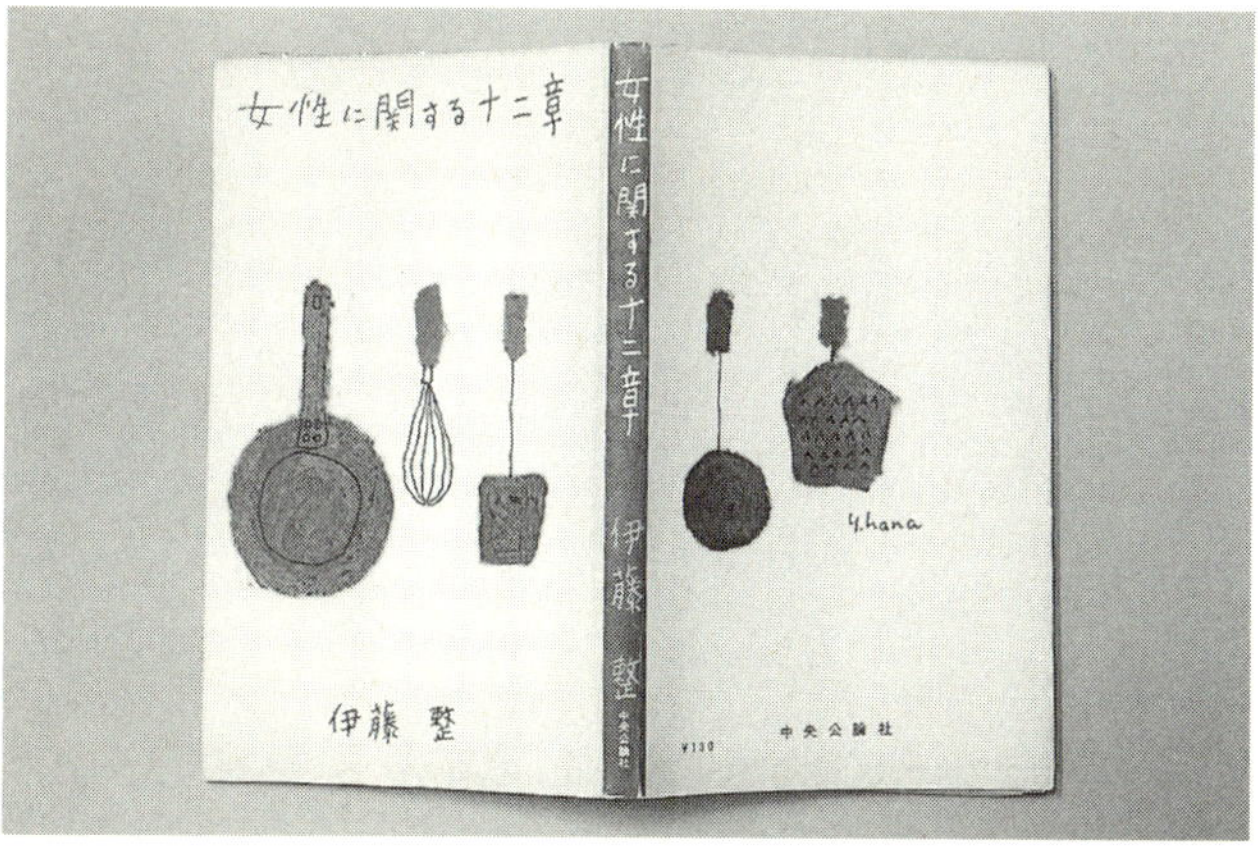

花森安治装幀：伊藤整『女性に関する十二章』中央公論社　1954年

つも日本人独特の美意識が凝縮されているると思われるのである。古来、日本人は装飾感覚にすぐれ、書籍のような愛すべき小空間の意匠にも並々ならぬ情熱を注いできた。江戸時代の版本「草双紙」はその代表例だろう。また、書物の構成材である紙などの素材に対しても、鋭い感性を発揮してきた。

4　美術家が「もうひとつの絵画作品」として取り組んできた装幀

その豊かな装飾性ともかかわるが、明治時代以降の装幀の主要な担い手が美術家であって、彼らが本をあたかも、「もうひとつの絵画作品」として熱心に取り組んできたことが、日本の近代装幀史の特徴といってよい。有名な例では、洋画家藤島武二による与謝野晶子の『みだれ髪』（東京新詩社、一九〇一年）とか、版画家である橋口五葉による夏目漱石の『吾輩ハ猫デアル』（上・中・下、大倉書店・服部書店、〇五〜〇七年）、日本画家小村雪岱《せったい》による泉鏡花の『日本橋』（千章館、一四年）などの傑作がたちまち想起される。

しかしながら平面の絵画作品と、三次元の物性をそなえる書物とでは、それぞれの空間性に明らかな違いがある。無定見に美術家の装画を装幀に援用するだけでは、それがどんなにすぐれた作品であっても、しばしば破綻が生じるものである。くわえて、明治維新以降、大量に招来されたヨーロッパの洋本に見られるシンプルな造本が、ただ飾り立てるだけの装幀への反省を喚起することとなった。谷崎潤一郎や室生犀星といった影響力のある文学者が、画家による装幀に激しい批判を浴びせたことも忘れられない。「本職の画家の考案した装幀で感心したのを見たことがない」と潤一郎はいい、自ら装幀に手を下すことが少なくなかった。犀星も同様である。

画家による装飾過多の装幀への反省は、戦前にすでに第一書房とか江川書房、野田書房といった特色ある出版社のシンプルな造本に反映されていた。とはいえ、それは出版界の大勢とはならなかった。青山二郎や恩地孝四郎のような装幀専門家的存在の活躍があったけれど、戦後も画家による装幀は盛んであった。画家に頼めばたしかに見映えがよいし、目だつ。食べるものにもこと欠いた困窮をきわめた時代である。画家の側も、絵が容易に売れないときに、出版にかかわることは生活を維持するうえで欠かせないという事情もあったろう。また、画家が小説の挿絵を手がける伝統が健在であったことも、画家と装幀とのつながりを強めた。新聞や雑誌に連載中に挿絵を担当してもらった小説を単行本として出版するにあたって、版元が当然のように装幀も依頼するケースが多かったからである。年配の美術ファンは、挿絵と装幀のふたつで活躍した佐野繁次郎、芹澤銈介（染色工芸家）、鈴木信太郎、宮本三郎、小磯良平、御正伸《みしょうしん》といった有名美術家をなつかしく思い出されることだろう。

5　印刷に精通したグラフィックデザイナーが進出

しかし版画家は別として、画家による装幀は六〇年代を境に次第に衰えてゆく。挿絵や装幀を手がけなくても、時代の落ち着きと高度成長を背景に絵が売れるようになって画家の生活が成り立つようになった。むしろ、そうした仕事に手を染めることは邪道だという認識さえ広まったのである。現代美術がだんだん純粋化と自立化を深め、私たちの生活感覚から遊離していったことも作用した。

かなり図式的な区分けになるが、六〇年代後半あたりから美術家にかわって出版に進出し始めたのがグラフィックデザイナーである。

折からのデザインブームを反映してグラフィックデザインの世界にはすぐれた才能が輩出した。彼らの強みは装幀に不可欠の印刷に精通していることである。装幀術の基本である活字の扱いにも、彼らはそれぞれのポリシーを持っていた。

ベテランの原弘を継いで、もうひと回り若い世代からは杉浦康平を筆頭格として、粟津潔、勝井三雄、清原悦志、平野甲賀、中垣信夫、和田誠といった俊才があいついでデビューした。デザイナーではないが、同世代では、編集者出身の栃折久美子の活躍も目ざましかった。同時期に発生したアンダーグラウンド、サブカルチャー系文化をバックに、横尾忠則や宇野亜喜良が登場したことも銘記すべきだろう。

鈴木成一装幀：松岡正剛『日本流』朝日新聞社　2000年

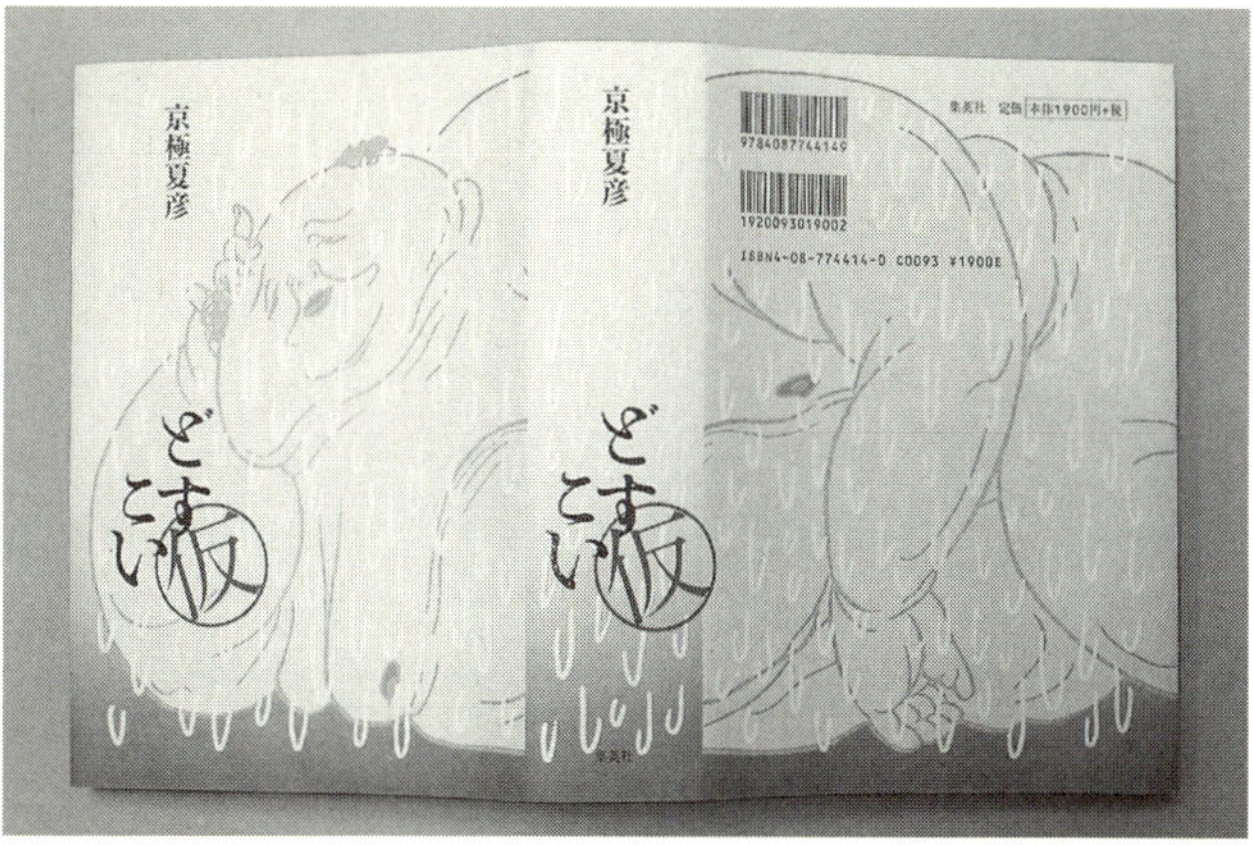

祖父江慎ブックデザイン：京極夏彦『どすこい（仮）』集英社　2000年

そして七〇年代には戸田ツトムとか菊地信義、羽良多平吉らの次世代が続き、さらに八〇年代以降に入ると坂川栄治や鈴木成一、祖父江慎といった人気デザイナーたちが加わって多彩な陣容を敷いている。本好きの方にはこのほかにも好きな装幀デザイナーが何人かおられることと思う。

6　装幀の魅力は「勝利の方程式」が存在しないこと

装幀の魅力は、長嶋監督ではないが「勝利の方程式」が存在しないことにある。それぞれ異なる本の内容に即した、個別の解答が装幀には求められるからである。同時に、それと矛盾するようであるが、みんな違う私たちの顔にも、人類誕生以来の遺伝子が共通して組み込まれているように、本にはそれぞれに知の遺伝子が、同じように、装幀には「ミューズ（美神）」の遺伝子が折りたたまれている。

そして、すぐれた装幀者ほど、長年つちかわれてきた装幀の歴史に自覚的であり、意識的である。今日あなたが目にするであろう新刊本のデザインにも、装幀の歴史のひと駒が間違いなく忍び込んでいるはず。たとえば書名の活字の扱いひとつをとっても、これまで長い時間軸で磨かれてきた装幀術の蓄積が、なんらかの形で反映していることを感じとっていただければ幸いである。

装幀におけるミニマリズムの系譜

画家としてのタブロー制作と並行して印刷媒体の仕事をよくした高松次郎は、本の内容とのかかわりで装幀を次のように四つのタイプに分類してみせたものだった（『波』一九八九年九月号所収「装幀自評」、新潮社）。

A　本の内容がより的確に表現されるもの。
B　本の内容と、つかず離れず装われるもの。
C　本の内容とは、ほとんど関係なく装われるもの。
D　文字だけのレイアウトで、ほとんど表現や装いがないというもの。

この四つの分類のなかで高松は、もっとも気になるのがDだと書いている。「白地にただ黒《スミ》文字のレイアウトだけ。和文なら縦組みがいいだろうし、翻訳ものや欧文なら横組みがいいだろう。字体やその大きさの選択は厳密でなければならないだろうが、罫《けい》線などもいらない。化粧もなければ、一糸まとわぬいわば裸形の本である。それが装幀の原初であり、究極でもあるとぼくは考えたい」。

いかにも「絵画についての絵画」と形容したい思考に基づく禁欲的な追究をおこなった高松らしい指摘である。

画家の装幀といえばまずほとんどが自身の絵画作品もしくは描きおろし装画を使うことを要請される。

たとえば自然との共生をうたうモチーフで知られる谷川晃一は、自身の絵画をあしらわない装幀をしたところ、あることが契機になって依頼主である著者の意向に結果として背いていたことに気付く。谷川は次のように反省する。著者は「つまり私の絵（作品）を使った装釘を望んでいたのだ。（中略）このことがあって以来、私は装釘をやる前に依頼主に私の絵が必要なのか、内容に見合った他のデザインがいいのか確認することにしているのである」と（『本の装釘＝用の美』、沖積社、一九八六年）。ことほどさように画家に依頼するときにはその画家の作品をあしらうことが一般的には「常識」となっているといってよいのである。それだけに、前述の高松は熱望していた文字だけの構成による装幀を結局実現することなく、一九九八年に逝った。

＊

とはいえ、文字だけに還元する構成に象徴されるように、余分な装飾性を可能な限り削ぎおとそうとする「純粋造本」への希求は、日本の装幀史の基底音として長く存在してきた。

事実、わが国の装幀の歩みは、絵画性もしくはデザイン性豊かで饒舌なデザインと、店頭での見映えは一般的には落ちるかもしれないが、そうした華美なあり方を嫌うシンプルなデザインとの間で揺れ動いてきたといってよいだろう。ふたつのあり方の正面衝突があり、また、一方が隆盛をきわめると、その反動のようにもう一方が次第に力を蓄えていき、勢力図を塗り替えるといった歴史の繰り返しもあった。

近代装本が本格的に定着していく時点で人気を獲得していったのが、画家もしくは版画家による装画で彩られた、そのアーティスト固有の世界が濃密に投影された装幀であった。橋口五葉とか小村雪岱、藤島武二、竹久夢二、木村荘八、津田青楓、小出楢重などがその代表格である。そして、こうした美術家による装幀本はいまなお古書市場で高価で取り引きされている。

しかし、美術家によって審美性豊かな造本がなされる一方で、三次元の物性をそなえ、くわえて表紙から見返し、扉、本文へと流れる空間性と時間性を併せもつ書物固有の特徴をわきまえない、ただ画家の装画をキャンバスがわりに飾りたてただけの装幀が一方で横行することとなったのである。一部の画家の見識不足もあっただろうが、それぞれの画家の個性にふさわしい起用を怠った出版サイドの責任が大きいといってよいだろう。装幀者に画家の名前が明記されていても、実は編集者がただ画家から作品を拝借してきて、「勝手に」といっては言いすぎかもしれないが、書名などの文字の布置に慎重な心配りを払わないまま、安易に装画と組み合わせた例が大半ではなかったろうか。

室生犀星は「癖のある画家の拵え上げた装幀がどれ程天下の読書生を悩ますか分らないようである」（『天馬の脚』、改造社、一九二九年）と断じてはばからなかった。ついでながら、犀星は戦後においても、一九五五年に出した短編集『黒髪の書』（新潮社）が、本人は「紙と字だけ」の装幀を望んでいたのにもかかわらず、仕上がってきたのはカバー全面に洋画家鍋井克之の花の絵を配したものとなっていたことに、不満を隠さなかったという（谷田昌平『回想戦後の文学』、筑摩書房、一九八八年）。また、谷崎潤一郎は「絵かきは本の表紙や扉に兎角《とかく》絵をかきたがる。千代紙のようにケバケバしい色を塗りたがる」（読売新聞「装釘漫談」、一九三三年）と切って捨てたものである。

こうした厳しい評価のなかにあって、西欧の質実な装本のあり方などに啓発された出版人によって、装飾過多への反省の気運がもりあがった。その代表格が長谷川巳之吉によって一九二三年に創業された第一書房だった。長谷川は材料を精選した瀟洒な造本と本格的で美麗な豪華本づくりにあたった。第一書房刊行書の装幀の大半は長谷川自らの手になる。

なお、同社には富裕な実業家の御曹司であり、ロンドン大学に学んで帰朝した音楽評論家の大田黒元雄が資金援助したことで知られるが、大田黒は併せて西欧の造本作法を長谷川に伝授したことも十分に考えられる（なお、杉並区の荻窪駅南口にあった大田黒の広大な旧宅跡は現在、区立の公園として公開されている）。長谷川は「良書にふさわしい組方、製本、装幀が第一書房のユニックな良識と感覚の代名詞となった」と創業十五周年にあたって頒布した内容見本に自負を込めて記したものである。ついでながら、弱冠十九歳（！）の亀倉雄

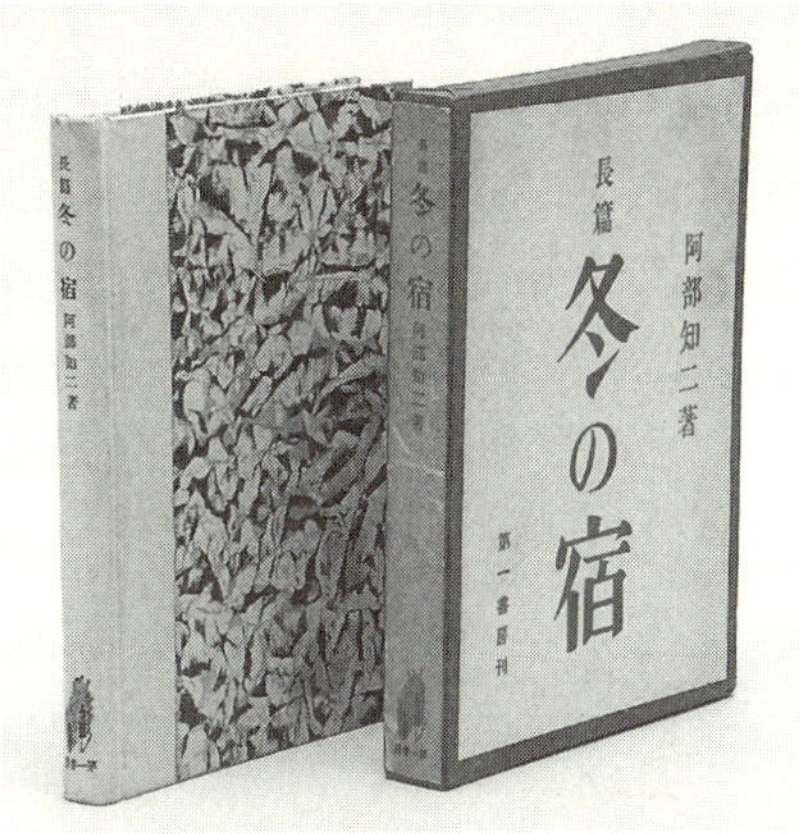

第一書房の刊行書：阿部知二『冬の宿』1936年

鍋井克之自装：『繪心』小山書店　1943年

策が長谷川から抜擢されてサン・テグジュペリの『夜間飛行』（堀口大學訳、一九三四年刊）を装幀したことは知る人ぞ知るエピソード。周知のように亀倉は戦後、日本のグラフィックデザイン界の大看板を背負うこととなる。

第一書房の刊行書として私の手元には阿部知二の長編小説『冬の宿』（一九三六年）とか大田黒元雄の『音楽読本』（一九三七年）がある。前者は異なる材質の継ぎ表紙、後者は深い藍色の布地に書名を題簽《だいせん》貼りした表紙であるが、ともに垢抜けしたたたずまいが特徴的である。ただし、ふたつとも函にレタリング文字で記された書名がやや大きすぎて大仰な印象を与えるのは惜しまれる。

同じく良心的な手堅い出版を送り出してきた白水社は一九一五年の創業だが、一九二〇年に株式会社となり、フランス語学書や文芸の翻訳出版社らしい清楚な装幀本で注目された。その白水社で造本を担当していた江川正之が独立して起したのが江川書房であり、さらに、その江川書房の造本術を継承したのが、野田誠三が創業した野田書房だった。江川書房、野田書房ともに静謐な表情をたたえる「私家限定版」の版元として愛書家から一目置かれた。

野田書房の活動は一九三四年から、野田の自殺で幕を閉じた三八年までのわずかな期間であったが（野田はいわゆる自己破滅型タイプであったようである）、この間、限定版でアンドレ・ジイドの『窄き門』が出たときには、朝日新聞が「用紙、印刷、装幀の三者が渾然たる融和を示し、一見楚々たる外装のうちに、最高の美を包んでいる所は、造書芸術の極致をゆくものとして推賞するに足る」と紹介したということである（『これくしょん』第三十九号、堀尾青史「野田書房主の思い出」、ギャラリー吾八、一九六九年）。そして、野田の死後、野田本の評価が一段と高まり、その気品ある造本に対して「純粋造本」という形容がなされるようになったようである。

＊

このように装飾過多なあり方とは異なる抑制された装幀が一方で世評を集めるなかで、画家の側もただ批判を甘受して、手をこまねいていたわけではない。パリから帰った東郷青児は次のように依頼する側の認識不足に異議を唱えている。

「私も多年書籍の装釘をやって来たが、一冊を装釘するごとに仮綴の本と大差のない、単純なものしかつくれなくなって来た。用紙の色を選定し、活字の大きさを指定する。ただこのことだけで実に素晴しい本が出来るのであるが、依頼者の方では究極の美が其処にあるとはどうしても思って呉れない。大金を投じて装釘を依頼するからには草あり花あり、赤あり黄色があってなるほどと算盤珠《そろばんだま》が合わなければ合点して呉れないのである」（『書物展望』一九三五年四月号所収「装釘のこと」、書物展望社）

「仮綴の本」というのは、書物の所有者が製本職人に注文して立派な装本に仕立て直す前段階の簡易な装本スタイル、いわゆるフランス装を念頭に置いたものであるが、たしかに東郷の装幀は画家の仕事にしてはめずらしく抑制されており、華美に流れない点においてヨーロッパのテイストが感じられるものとなっている。

夏目漱石の『道草』（岩波書店、一九一五年）の装幀で高名な画家の津田青楓は同様に次のように戒めている。

「もう一つ永年の経験で感じたことは、画かきに装幀を頼むとは、表紙や見返しやなにや彼やに、べたべた画をかいてもらうことだと思っている人がまだまだ多い。装幀の意匠と云うものは何一つ画はなくっても凡ての色の配合、諸材料の択び方、製本の仕方、そう云うものに使命があるのであって、装幀料とは画料のように思っている向きがあるが、只知識だけ指図だけでも相当苦労なものである。私はこれ位面倒臭くって気骨が折れて、その割りに人が認めない仕事はないと思う。だから私はやる気がしない。自分の本はいつも出《で》鱈目《たらめ》で殺風景なものをこさえている、紺屋《こうや》の白袴だ」（『懶畫房草筆』所収「腹の立つ依頼」、中央公論社、一九四一年）。

さらに同じ関西に住み、小出楢重の盟友だった鍋井克之（前出）も次のように指摘している。

「支那事変（筆者注：一九三七年に始まった「日中戦争」をいう）発生以来、殊に小説類の装幀が無暗《（ママ）》に派手になった。よくこの種の派手な装幀をする画友に、そのことを詰ると、発行者が店頭で人目を惹くように注文するので、書物が雑誌化してしまった、との答えであった。今年から本の外箱やら表紙の厚紙が無くなるそうだが、そうなってもなおこんな風に派手一方に流れては、それこそ浮薄軽佻《ちょう》に陥り、店頭の雑誌になって書物でありながら書斎に調和しなくなって了う。製本物資の節約から在来の装幀の観念を一変させてしまう時代が来ているのかも知れない。いま迄はあまりに絵を描き過ぎていた傾きもあった」（『繪《え》心』所収「書物の国民服」、小山書店、一九四三年）。

文中の用紙が無くなる旨の記述は、戦局の悪化を背景とした物資の欠乏を踏まえているが、いずれにしても画家の側も派手に描き過ぎることへの慎みは十分に持っていたのである。

しかし、こうした画家側の自戒がうまく機能したとはいいにくい。戦後、出版界の復興とともに、いわゆる粗悪な紙に刷られた仙花紙本を皮切りとしてどっと画家による装幀が再登場し、同じ轍《てつ》を踏むことになるからである。その顔触れは岡鹿之助とか梅原龍三郎、猪熊弦一郎、中川一政、小磯良平、熊谷守一、寺田政明、中西利雄、日本画家でも川端龍子、橋本明治、奥村土牛……と挙げていくと切りがない。もちろんこの中には書物にふさわしい装画となっている例がないわけではないが、戦後の混乱の渦中にあった時代状況を考慮しても、概して安易な造りという印象を拭いえないのである。

＊

さて、敗戦によって壊滅的な打撃をこうむった出版界にあって、いち早く「純粋造本」という困難な夢に賭けた出版社があった。敗戦直後の一九四六年に創立された細川書店が翌四七年から刊行した「細川叢書」である。そして、同叢書はすでに触れた野田書房の「コルボオ叢書」（一九三六年）に範をとったものであった。

私が「細川叢書」の存在を教えられたのは詩書専門の古書店、石神井書林の目録をとおしてだった。店主の内堀弘は、戦前に伝説的ともいえるユニークな活動をおこなった詩集出版社の足跡を追った著書『ボン書店の幻』で知られる人である。その内堀が次のようにコルボオ叢書を解説しているので引用してみよう。

「限定一五〇部（全冊同一番号が記番されている）。表紙木炭紙仮綴装、本文局紙。『最高の用紙に最高の印刷をほどこして少部数』刊行された叢書。野田書房の純粋造本、簡素美を代表するもの。この叢書が後の『細川叢書』をはじめ戦後の造本感覚へ与えた影響は大きい」。

コルボオ叢書は佐藤春夫の『小園歌』や堀辰雄の『雉子日記』ほか十二冊からなる。掲載されている写真版を見ても文字だけの純粋にタイポグラフィカルな造本が斬新である。

私は高価なためにコルボオ叢書の購入をあきらめたが、その影響を受けたといわれる細川叢書については、幸い私は別の古書店からいくつか入手できた。佐藤春夫の『美しい町』（一九四七年）とか志賀直哉の『網走まで』（同）といった佳篇である。手にとってみると明らかにコルボオ叢書から範をとったことがしのばれたし、事実、その旨を挟み込んだしおりに明記しているのであった。その案内から、造本にかかわる部分の解説を何箇所か引用してみよう。

「一篇一冊、純粋造本の理想主義。最もすぐれた小篇を、最良の用紙に最善の印刷をほどこし、瀟洒で堅牢な小冊子に収録して、一定部数を限って刊行し、造本の秀抜さをほんとうに理解して下さる愛書子の許へ贈ろうというのが細川叢書です」

「作品のよしあしがその長短に無関係な如くこの叢書では頁数の多寡など初めから問題に

細川書店の「細川叢書」：佐藤春夫『美しい町』1947年
志賀直哉『網走まで』1947年

細川書店の「細川新書」：伊藤整『鳴海仙吉』1950年

なりません。平均六〇頁、活字は主として五号を使用、用紙は別漉耳付和紙、フランス装、本の大きさは縦六寸横五寸です」

「この叢書に箱をつけて欲しいという要望が特にA会員の方からあります。が私共の見解では、ない方がよろしいと思います。と申しますのは、甚だくどいようですが、この叢書は理想的純粋造本の極致を念願しております。云いかえますと、一切の無用を去って、作品一本を純粋に観賞するための本でありたいとするものです（後略）」

引用文中にある「A会員」というのは、同叢書が会員のみに頒布する方式を取ったため。A会員には署名本がいき、B会員には無署名で届けられたようだ。

いずれにしても、コルボオ叢書と同じく十二冊刊行された細川叢書は、装飾的な要素は同社のマーク（仏像光背）を小さく空押ししただけの、一本のケイ線さえない文字主体の簡潔な装いでまとめられ、用紙の選択と都下西多摩郡にあった大化堂による印刷にも細心の神経が行き渡っている。

なお、この「大化堂」は、奥付の住所表記から、活版印刷に定評があり、独自の活字書体を持っていることで知られる精興社となんらかの関係があるのでは、と想像していたが、タイポグラフィ研究で知られるグラフィックデザイナーであり、私が折りに触れて指導を受けてきた森啓から、やはり精興社であることを最近教えられた。同社が戦後の一時期（昭和二十七年まで）、社名を改めていたときの名称が大化堂であったのである。

さて、白い紙に文字だけの表紙では店頭での汚れが心配される。後に触れる詩人の北園克衛も「日本の場合、白い表紙に金または色一色で書名を刷ったものは、いかにも清新であるが、汚損しやすいばかりでなく、変色することなど、表紙としては材質的に致命的な欠点をもっている」と指摘したものだった（『広告』一九五八年百二十一号所収「最近の装幀の傾向」、博報堂）。この汚れへの対策として細川叢書では表紙にセロファン紙もしくはパラフィン紙（グラシン紙）を貼って保護している。

こうして細川叢書は、疲弊と混迷をきわめた時代下、粗悪な印刷物が氾濫していたなかで、小さな泉のような清涼な気を放っていたのである。また、一九四八年にスタートした「細川新書」や他の刊行書も「新鮮と簡素を旨」とする（細川新書巻末のあいさつ文）造本姿勢がまっとうされており、「新しい文化の指標たらん」（同）とする意気込みがひしひしとその造本美から伝わってくる。

細川書店の姿勢はあまりに理想主義に走り過ぎたのであろうか、一九五一年ごろから業績が悪化し、五四年に閉業に追い込まれる。八年間の短い活動だった。けれども、内堀の「戦後の造本感覚へ与えた影響は大きい」という指摘は正鵠《せいこく》を得たものだと思う。実際、細川叢書がラジカルに体現したミニマルな造本姿勢は、その後、装幀にかかわったさまざまな人たちによって引き継がれていったのであるから。

＊

その代表格が詩人による装幀といってよいのではなかろうか。

モダニズムの詩人として、一九二〇年代前半の大正期後半から先鋭な詩作を展開した北園克衛（一九〇二年生まれ）。情趣を排した言語美学の実験が特に知られるが、北園はまた「書物の王国」の住人として、瀟洒で鮮やかな装幀を多数残してきた。その北園は次のような装幀論を残している。

「私の『理想の装幀』というものは、必ずしも、私個人の独創的なデザインの上のアイデアを反映しているという意味ではない。それは、ながい間、装幀の仕事をしてきたデザイナアであるならば、当然に行き着くところのぎりぎりのパタアンである。では、それはどういうものかと言えば、ただそこには、その書物の著者名と書名があるばかりであるといったようなものである。私が考えている書物の装幀の理想は、そういうものである。これは出版社にとっては一向に有難くない『装幀』であろう。出版社は、できることならば、表紙全体を、その書物の広告文で埋めてしまいたいと思うであろうし、何かショッキングなデザインによって、人々の眼を引きつけて、それを手にとらずにはいられないような衝動をおこさせたいと思うにちがいない」（前出『本の装釘＝用の美』）。

私の手元にある北園の著書で「書物の著者名と書名があるばかり」にあたる装幀本として、戦前の刊行になるけれども『ハイブラウの噴水』（昭森社、一九四一年）がある。ただし、表紙では書名が太い両子持ちケイで囲われ、ほぼ中央部分に黒星の約物が布置されている。また、『郷土詩論』（同、一九四四年）は装幀者名に北園の名が記されていないが、やはり同様の装いであり（こちらには約物はない）、目次において掲載文のタイトルと収録ページのノンブルを中黒でつなぐ手法など、北園のテイストが色濃い。北園のことである、『郷土詩論』

北園克衛装幀：阿部昭『未成年』文藝春秋　1968年

瀧口修造・粟津潔・堀川正美装幀：
『瀧口修造の詩的実験1927〜37』思潮社　1967年

ろう。

の装幀を自ら手がけたか、かなりの部分に本人の意見が反映されているかのどちらかであ

他の文字以外の要素が入った装幀本では特有の装図が印象深い。シンプルだがダイナミックな形象である。代表的なものとして白水社の「新しい世界の文学」と「新しい世界の短編」シリーズがつとに知られる。北園は一九七八年に七十五歳で没したが、その十年前の阿部昭の最初の小説集『未成年』（文藝春秋、一九六八年）もそうである。正方形の紙片を散らし、その下方に英文紙の切り抜きを半円状に配したコラージュ風な装図が軽妙で小気味よい。著者の阿部はその出来映えについて「駈け出し作者の処女出版としては分不相応におしゃれな、かつ文春らしからぬ――と申しては文藝春秋に失礼だが――本が出来上がった」と率直な感想を記している（『散文の基本』、福武書店、一九八一年）。

また、詩人の和田徹三は次のように詩人による装幀に触れながら、北園の装幀の特徴に言及しているので引用してみよう。

「詩集の多くは自費で出版されるから、詩人は身をもって装幀の重要な役割を体験しているせいか、詩人のなかにはアマチュア装幀家がかなりいる。しかし北園克衛氏のようにセーヴした色彩と極度にまで単純化した図形で独特の知性美を築くその道の専門家は別として、ほれぼれするような装幀にはなかなかお目にかかれない」（『机』一九五八年六月号所収「書物と装幀」、紀伊國屋書店）。

このように詩人のなかでも北園の装幀の評判は別格であったことが和田の文からもしの

ばれる。なお、北園の装幀術は、北園が主宰した『VOU』の同人でもあったグラフィックデザイナーで、ブックデザインとエディトリアルデザインにシャープな感性をいかんなく発揮した清原悦志と、数々の独創的手法でブックデザインに新しい地平を切り開いた杉浦康平にも少なからぬ影響を与えたことを付記しておこう。

北園と同世代のシュルレアリスムの詩人であり、戦後は美術評論家として新しい潮流をリードした瀧口修造は自著を中心に装幀に手を染めている。なかでも知られるのが、瀧口とグラフィックデザイナーの粟津潔、それに詩人の堀川正美の三人の共作である白色フランス装で函入の『瀧口修造の詩的実験1927〜37』（思潮社、一九六七年）。瀧口は「デザインの粟津潔氏には、白い紙に黒の活字だけという私の頑固な希望を押しつけた途中からの依頼を快く引受けていただいた」としおりに添え書きしているが、まさにそのとおり、一切の虚飾を剥ぎとった末の、快い緊張感に包まれている。

詩人のなかで自著にとどまらない広汎な装幀の仕事を残したという点では、北園たちの次世代にあたる、一九一九年生まれの吉岡実が最右翼ではなかろうか。詩人としての活動のかたわら筑摩書房社員として主要な刊行書の社内装を手がけたが、他社からの依頼もあった。筑摩書房の全集では『太宰治全集』（一九五五年）とか『西脇順三郎全集』（一九七一年）、『校本宮澤賢治全集』（一九七三年）、『中島敦全集』（一九七六年）などがある。

イメージの定着に際して自らを律することに厳格な詩人に共通することであるが、吉岡の装幀も実にシンプルである。金属系の明朝活字組による書名や著者名、出版社名の布置を核にすえて、それにエンブレム（標章）などを控えめながら効果的に対置する手法が大半を占める。あたかも、はるかな丘陵の先に頭をのぞかせるロマネスクの塔のような時流を超越したたたずまいである。

たとえば前記『西脇順三郎全集』では、函と表紙に西脇本人が描いた鳥や婦人像のペン画が円形のメダル状に配されている。朝日新聞は「決定版とでもいいたい落着いた風格をもっている」、「このしょうしゃなデッサンが、この装本のかわいい焦点となっている」と紹介したものだった。

なお、私の十分とはとてもいえない調査でも確認しえていないことだが、吉岡はほとんど自身の装幀術についてのコメントを残していない。吉岡の足跡を地道に探査し、詳細な年譜とか全詩篇標題索引づくりに取り組んでいる小林一郎に聞いてもほとんどないということだった。本業ではない装幀については贅言を慎むという潔さに徹したかのようである。

細川書店、そして北園克衛や吉岡実によって体現されたミニマルな装幀のあり方は、吉岡の在籍した筑摩書房をはじめ、みすず書房、小沢書店、白水社、京都の人文書院らの姿勢に通底している。相互の影響関係は詳らかではないが、そうした関係をうんぬんするよりも、まさに内堀が指摘したように、日本の出版界が敗戦による打撃から新たなスタートを切った時点で共有した「造本感覚」に注目したいと思う。すでに見てきたように新生の出版界にミニマルな方向性が広く定着していたことが示されているからである。

＊

さて、高松次郎が熱望してやまなかった文字だけによる装幀に限りなく近接する仕事を成し遂げてきた画家がいる。一九三三年、盛岡市生まれの村上善男である。東北の民俗と歴史を豊かにとどめる古文書などを素材としながら、それを現代に開かれた切実な表現として昇華し、現代絵画の中核を担ってきた村上。その一方で装幀の仕事に画家としてかつて類を見ない活躍をしてきたわけであるが、出版社の集中する大都市圏ではなく、一貫して盛岡から仙台、そして現在の弘前と、一般的には地域的ハンディのあると想像される東北の地を拠点にしてきたということにさらに驚かされる。

村上の装幀は文字だけというものこそ少ないが、ケイとの巧みな組み合わせによって、控え目ながら知的で端正な魅力をたたえている。文字も原則として吉岡実と同じく明朝系一辺倒である。ゴシックは使わない。『木下杢太郎《もくたろう》画集』全四巻（用美社、一九八五〜八七年）とか、高橋明雄の『うらぶる人——口語歌人鳴海要吉の生涯』（津軽書房、一九九三年）、西野嘉章『十五世紀プロヴァンス絵画研究——祭壇画の図像プログラムをめぐる一試論』（岩波書店、一九九四年）、同じ西野の『博物館学——フランスの文化と戦略』（東京大学出版会、一九九五年）などが代表的な仕事である。なお、西野は東京大学総合研究博物館教授であり、西野らの監修のもとに同館で開かれた「歴史の文字——記載・活字・活版」展（一九九六年）は、いまや消滅しようとしている活版印刷関連の金属活字を含めた資料を一括して収蔵、展示して注目を集めたが、このとき村上も図録への執筆などで同展に協力した。また、自著自装では『印壓《いんあつ》と風速計』（駒込書房、一九七九年）、『仙台起繪圖』（用美社、一九八五年）、

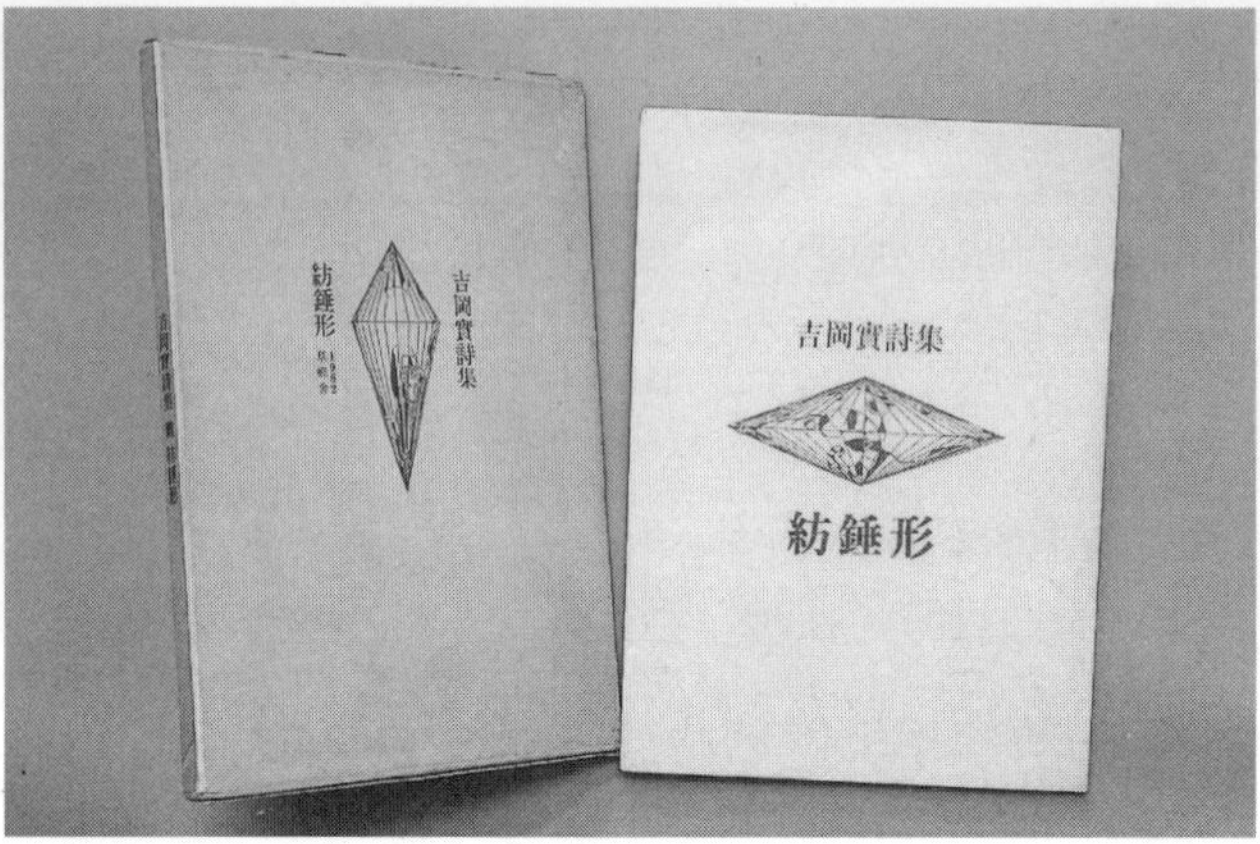

吉岡実自装：『紡錘形』草蝉舎　1962年

村上善男自装：『印壓と風速計』駒込書房 1979年
『仙台起繪圖』用美社　1985年

『色彩の磁場から』（紅書房、一九九三年）とこちらも枚挙にいとまがない。紙質への周到な配慮と画家ならではの節度ある効果的な色遣いも見逃せない。

とにかく村上は画家にとっての存在証明というべき自らの絵画を、是非にと請われる以外は原則として装幀に使わないのである。まさに異例のことである。その潔さはどこからくるのだろう？

その手がかりのひとつは、村上が若いころ岩手大学の非常勤講師として学生に「印刷概論と演習」を教えていたことに求められるだろう。講義の主旨に基づいて村上はよく盛岡市内の印刷所に学生を連れていき、活版印刷の現場を見学させた。そうした経験を通じて村上は、書物印刷の原理の把握へと至ったのではなかろうか。いいかえると現場体験が、どのような書物設計が無理のない、理にかなった印刷との結びつきであるかという道筋をつかむ契機となったであろうことは、十分に考えられるところである。

村上が好んで引用するエピソードに、同郷の詩人、宮澤賢治の苦心がある。賢治は詩集『春と修羅』を自費出版するにあたり、地元花巻の印刷所に依頼したが、不足の活字があると盛岡の大きな印刷所まで買い取りにいったという。そのときに盛岡で芝居見学などをすると、最終列車に間に合わず、活字を大事にかかえながら徒歩で花巻まで夜道を帰った。盛岡と花巻は同じ県内、たいしたことはないと思う向きがあるかもしれないが、東京駅から八王子、あるいは横浜市の戸塚あたりまではある。歩きとおすには半端ではない距離である。

こうした賢治の「印刷への意志」に思いを致すことの大切さを村上は折りに触れて熱っぽく語ってきた。いまやコンピュータの画面上ですべてが完結してしまう時代。賢治の苦労は、とりわけ若い世代にはリアリティを著しく欠くことであるかもしれないが、それでも活版印刷に体現されていた、もっとも基本的な印刷原理への認識は、どんなに技術をめぐる環境は変わろうとも手放してはならないものではなかろうか。

印刷の現場に無理強いをしないデザイン。その原則を、村上は表紙等の外回りにとどまらず、本文組指定でも絶えず念頭に置いて実践している。そのことが、派手派手しいデザインとは一線を画した、一見したところ拍子抜けするほどに地味な装いにつながっている。けれども、読者の掌中でじわりと存在感を増すたたずまいとして立ち上がってくる、そういった奥の深さをたたえた装幀なのである。

＊

経済復興にともなう高度成長とともに、やがて書物の装いは次第に華美になっていった。細川書店や北園克衛、吉岡実、村上善男、あるいは一部の出版社の編集者らによって引き継がれ、試みられてきた、節度ある取り組みは明らかに少数派となった。装幀を専門とするデザイナーでも、多田進のように多言を控えるスタイルを堅持する立場の人はごく限られていたといってよい。そして、右肩上がりの成長に限界が見えた七〇年代以降、出版社の規模の拡大と出版点数の増加は「良書は売れる」という神話を崩壊させてしまい、勢い、店頭で目だつ厚化粧のデザインがより求められることとなった（もちろん、「目だつデザイン」

のなかにも新しい方法論によるすぐれた装幀が多数存在していることは事実であるが……)。やがて、日本中が足が地につかないまま浮かれるバブル期を迎えると、ますますテンコ盛りのバブリーなデザインが目につくようになったのである。

やがて時代はひとめぐりしたようである。バブル崩壊に続く停滞感が重くのしかかるなか、再びミニマルな装幀が台頭している。バブル期の凝りに凝った饒舌なデザインはだいぶ影をひそめつつある。だが一部には、どうあがいてもタカが知れている、ならばいっそのこと「素の形」に戻してしまえ、といったシニカルな気配が感じられなくもない。そして、それが単なる流行としての原点回帰であるならば、ミニマリズム本来の精神を汚すものではなかろうか。

なによりも内容への明察と時代への批判に基づいたそれであってほしいと思う。大上段なもの言いかもしれないけれども、ミニマリズムは装幀における究極の拠りどころであるはずである。そうしたギリギリの覚悟がなければ、装幀の本質を照らし出す新たな道筋は見えてこないのではなかろうか。

初出一覧

Ⅰ　装幀を愛でる

装幀の愉悦……一九九七（平成九）年「ユリイカ『特集 古書の博物誌』」六月号　青土社

Ⅱ　思想としてのデザイン

繊細にして強靱なポエジー——「清原悦志の仕事1956—1988」展……一九九〇（平成二）年「デザインの現場」二月号　美術出版社

広やかな視界——中垣信夫のブックデザイン……一九九〇（平成二）年「銀花」秋号、No.83　文化出版局

杉浦康平——デザインにアジアを注ぎ、宇宙を宿す「インタビュー・構成」……一九九六（平成八）年「デザインの現場」六月号　美術出版社

貴腐の香りを引き立てる補色の美学——羽良多平吉の色彩術……一九九八（平成一〇）年「デザインの現場」八月号　美術出版社

Ⅲ　装幀の現場から

平野甲賀——書き文字による装幀……一九八四（昭和五九）年「デザインの現場『CLOSE UP』」八月号　美術出版社

田中一光——一九八六年度ＡＤＣ会員最高賞受賞……一九八六（昭和六一）年「デザインの現場『CLOSE UP』」一〇月号　美術出版社

大竹伸朗——一九八七年ＡＤＣ最高賞受賞……一九八七（昭和六二）年「デザインの現場『CLOSE UP』」一〇月号　美術出版社

菊地信義——昭和六十三年度講談社出版文化賞受賞……一九八八（昭和六三）年「デザインの現場『CLOSE UP』」六月号　美術出版社

山崎登――一九八九年度第二十四回造本装幀コンクール文部大臣賞受賞……一九九〇(平成二)年「デザインの現場『CLOSE UP』」二月号　美術出版社
太田徹也――一九九二年度原弘賞・ADC賞受賞……一九九二(平成四)年「デザインの現場『CLOSE UP』」一二月号　美術出版社
祖父江慎――『杉浦茂マンガ館』で平成九年度講談社文化賞受賞……一九九七(平成九)年「デザインの現場『FACE MIX』」六月号　美術出版社
早川良雄――〈マーメイド〉の質感・量感・色みを生かして……一九九九(平成一一)年「デザインの現場『PAPER IN MY WORK』」二月号　美術出版社

Ⅳ　システム・構造と用紙

タイポグラフィの変遷・写植……一九九九(平成一一)年「DTP DESIGN NOW!」エクシード・プレス
日本語の美しい組版の系譜……一九九七(平成九)年「デザインの現場」六月号　美術出版社
一九七〇年代　深化するブックデザイン……二〇〇〇(平成一二)年「株式会社　竹尾創立一〇〇周年記念『紙とデザイン――竹尾ファインペーパーの五〇年』」
「構造物」としてのブックデザインの展開……二〇〇一(平成一三)年「デスクダイアリー竹尾二〇〇一」株式会社　竹尾
戸田ツトムのエディトリアルデザイン「インタビュー・構成」……一九九九(平成一一)年「戸田ツトム『D-ZONE/TZTOM TODA』」　青土社

Ⅴ　出版文化を彩る

〈ウナック〉と海上雅臣の四半世紀……二〇〇二(平成一四)年「六月の風」一七〇号　ウナックトウキョウ
装幀にみる出版文化――時代を移す「鏡」として高まる役割……二〇〇〇(平成一二)年「有鄰」六月号　有隣堂
装幀におけるミニマリズムの系譜……書き下ろし

戦後装幀史年表

［摘要］▼はブックデザインの動向、■はブックデザイン展、●はコンクールの賞、＊は関連書を示す。

一九四〇年代〈復興と再生〉

【一九四六年】
▼吉岡実、勤務先の用で恩地孝四郎宅を訪ねる。装幀に興味をもつきっかけに

【一九四七年】
▼「純粋造本」をうたう「細川叢書」刊行（細川書店）
▼坂口安吾の『堕落論』（銀座出版社）、著者自らの「色々の注文、お伽ばなしみたいな組み方」を踏まえて、グラフィックデザイナーの原弘が装幀。ベストセラーになり、装幀も評判に

【一九四九年】
▼博報堂主宰の「装幀相談所」設立（所長・新居格、副所長・恩地孝四郎。後、恩地が所長となる）
■第一回装幀美術展（装幀相談所主催、東京・日本橋三越）

一九五〇年代〈グラフィックデザイナーの台頭〉

【一九五〇年】
▼竹尾洋紙店、色紙「STカバー」を発売、グラフィック・書籍用紙の充実に本格的着手
▼四九年創刊の角川文庫、B6判をいわゆる文庫本サイズのA6判に改め、表紙デザインに芸術院会員

の大家、和田三造を起用

【一九五一年】

■第二回装幀美術展（日本橋三越）

【一九五二年】

■第三回装幀美術展（日本橋三越）

■第四回装幀美術展（日本橋三越）

＊恩地孝四郎『本の美術』（誠文堂新光社）

＊青山二郎『眼の引越』（創元社）

【一九五三年】

▼亀倉雄策、出版界は装幀に新しい方向を示すことができるグラフィックデザイナーをもっと起用すべき、と主張（中部日本新聞八月七日「装てい談義」）

【一九五四年】

■第五回装幀美術展・恩地孝四郎装本三〇年回顧展（日本橋三越）

▼『暮しの手帖』編集長、花森安治装幀の『女性に関する十二章』（伊藤整、中央公論社）、フライパンなどの台所用品を絵柄に配した新鮮さが評判を呼び、二十八万部のヒットを記録

【一九五五年】

▼恩地孝四郎没

【一九五六年】

▼美術評論家の土方定一、装幀においてすぐれた仕事を始めている「若いデザイナーのこの方面への活動が期待される」と論評（読売新聞十一月十四日）

【一九五七年】

＊橋弘一郎『レイアウト』（印刷学会出版部）

【一九五八年】
▼前衛詩人の北園克衛、日本の装幀の「構想力の貧しさ」と「観念の欠如」を指摘（『広告』百二十一号）
■詩書出版の書肆ユリイカ、詩学社、昭森社が三社共催で「詩書装幀展」
■恩地孝四郎展（東京渋谷、東横百貨店）

一九六〇年代〈装幀からブックデザインへ〉

【一九六〇年】
＊武井武雄『本とその周辺』（中央公論社）
【一九六一年】
▼作家の吉田健一、筑摩書房刊の『石川淳全集』を「日本の本の装釘史に残るもののひとつ」と評価（同全集月報三）
【一九六三年】
▼読売新聞が「装丁・新しい行き方」と題して思潮社の『処女懐胎』（ブルトン、エリュアール共著）などを評価
▼中央公論社が『世界の文学』（全五十六巻）の配本開始。服飾デザイナー中林洋子を起用した装幀が評判を呼ぶ
【一九六四年】
▼戦前にアオイ書房を興した志茂太郎、装本者の仕事は「内容にマッチした本文用紙と活字の選定と版面のレイアウトの構案にはじまり、印刷、製本様式、外装、関連材料の選択に至る造本工程一切を、とりしきるものでなくてはならない」と強調（『本』第四号）
▼河出書房新社の豪華版『世界文学全集』配本開始。亀倉雄策による洋書風スタイルの造本が、大衆デ

ラックス版として異彩を放つ

【一九六六年】
■デザイナーが手がけた「本のデザイン」展（第六回デザインギャラリー展、東京銀座・松屋）
▼詩人の安西均、装幀は画家などの「シロウト」に任せるのではなく、「グラフィック・デザイナーというレッキとした専門家にゆだねるべき」と提言（『詩学』五月号「詩集装幀雑感」）
▼杉浦康平、『田村隆一詩集』（思潮社）の奥付に判型、使用活字、用紙を明記
■第一回造本装幀コンクール展（日本書籍出版協会、日本印刷工業会、全日本製本工業組合連合会主催）

【一九六七年】
▼詩人の瀧口修造、「白い紙に黒の活字だけの」装幀による『瀧口修造の詩的実験1927〜1937』（装幀＝瀧口・粟津潔・堀川正美、思潮社）刊行

【一九六九年】
●授賞制度の始まった「造本装幀コンクール展」（第四回）で杉浦康平装幀による『日本産魚類脳図譜』（築地書館）が文部大臣賞を初受賞

一九七〇年代〈多様なデザイン手法の定着〉

【一九七〇年】
▼原弘、ブックデザインは「グラフィックデザインとインダストリアルデザインが交差する領域」と指摘（「造本装幀コンクール展」パンフレット）
▼朝日新聞のコラム「土曜の手帳」（一月二十四日）が「デザイナーと共作・写真集の装丁三つ」と題して、亀倉雄策による『シカゴ、シカゴ』（写真＝石元泰博、美術出版社）、勝井三雄による『スペイン・偉大なる午後』（写真＝奈良原一高、求龍堂）、田中一光による『鎌鼬』（写真＝細江英公、現代思

潮社）を紹介

▼朝日新聞がコラム「本の美学」で、細谷巖による『ヨーロッパのグラフィックデザイナー』第一集（美術出版社）、杉浦康平による『雲根志』（木内石亭、築地書館）などすぐれたブックデザインを随時紹介（〜七一年）

●「講談社出版文化賞ブックデザイン賞」が始まる。第一回受賞作品は亀倉雄策による『シカゴ、シカゴ』（写真＝石元泰博、美術出版社）、新潮社出版部による『丸岡明小説全集』（新潮社）、滝平二郎による『花さき山』（滝平二郎著、岩崎書店）

【一九七一年】

▼杉浦康平、本文を起点とする本の時空の構造化の重要性を提示（『PIC＝著者と編集者』二月号「エディトリアルデザインの時間性と空間性」）

■道吉剛ブックデザイン展（東京新宿、紀伊國屋画廊）

●講談社出版文化賞ブックデザイン賞＝杉浦康平による『闇のなかの黒い馬』（埴谷雄高、河出書房新社）

＊粟屋充『ブックデザイン』（美術出版社）

【一九七二年】

●講談社出版文化賞ブックデザイン賞＝勝井三雄による『池田満寿夫全版画作品集』（池田満寿夫、美術出版社）

【一九七三年】

■現代日本の本の装幀展—十九人のデザイナーの作品（武蔵野美術大学美術図書資料館）

●講談社出版文化賞ブックデザイン賞＝田中一光による『文楽』（土門拳・武智鉄二、駸々堂出版）

【一九七四年】

▼海上雅臣、日本のアーティスツブックに新しい地平を開く「ウナックトウキョウ」を設立

●講談社出版文化賞ブックデザイン賞＝江島任による『いけばな花材総事典』（井上敬志・志佐誠、講談

社）と和田誠による『和田誠肖像画集 PEOPLE』（美術出版社）
＊田中一光『田中一光のデザイン』（駸々堂出版）

【一九七五年】
▼作家の安岡章太郎、「自分で自分の本の装幀をしたいなどとは思わない」、「面倒臭いというよりも（中略）テレ臭い」と告白（朝日新聞二月十日夕刊「小説と衣裳」）
●講談社出版文化賞ブックデザイン賞＝原弘による『東洋陶磁大観』（小山富士夫、講談社）
＊栃折久美子『モロッコ革の本』（筑摩書房）

【一九七六年】
▼杉浦康平、カバーのカラー化現象など安易な新技術の導入に警鐘鳴らす（サンケイ新聞六月二十六日「ブックデザイン考」）
▼杉浦康平による『伝真言院両界曼荼羅』（石元泰博撮影、平凡社）、一対の洋本と一対の和本、双幅の掛軸の壮麗な融合を実現
●講談社出版文化賞ブックデザイン賞＝司修による『金子光晴全集』（中央公論社）
＊中川一政『中川一政装釘』（中央公論美術出版）

【一九七七年】
▼ブックデザイン公募『昭和萬葉集』全二〇巻別巻一（講談社創業七〇周年記念出版、一九七八年刊行）で、蟹江征治が入選を果たす
●講談社出版文化賞ブックデザイン賞＝石岡瑛子による『倉俣史朗の仕事』（鹿島出版会）
＊粟津潔『粟津潔のブックデザイン』（河出書房新社〈アート・テクニック・ナウ20〉）

【一九七八年】
▼北園克衛、花森安治没
■本の装幀展（東京永田町、国立国会図書館）

■伊藤憲治とカッパノベルズ（第二一八回デザインギャラリー展、東京銀座・松屋）
●講談社出版文化賞ブックデザイン賞＝横尾忠則による『地獄を読む』（高橋睦郎、駸々堂出版）、『妖星伝』（半村良、講談社）
＊池田満寿夫『池田満寿夫BOOK WORK 1947-1977』（形象社）

【一九七九年】
▼菊地信義による埴谷雄高著『光速者』（作品社）、著者の脳の断層写真を使って話題を呼ぶ
▼青山二郎、瀧口修造没
■岩波書店の編集者で装幀家としても知られる「田村義也装丁展」（東京渋谷、画廊喫茶「ピーコック」）
■司修、ぼくのブックワーク（東京新宿、紀伊國屋画廊）
●講談社出版文化賞ブックデザイン賞＝市川英夫・篠田昌三による『江戸川乱歩全集』全二十五巻（講談社）

一九八〇年代〈感覚的洗練と花形デザイナーの登場〉

【一九八〇年】
▼角川文庫、三十年ぶりに表紙を改装、杉浦康平をデザインに起用
●講談社出版文化賞ブックデザイン賞＝福田繁雄による『福田繁雄作品集』（講談社）
＊岩切信一郎『橋口五葉の装釘本』（沖積社）

【一九八一年】
●講談社出版文化賞ブックデザイン賞＝早川良雄による『吉村貞司著作集』（泰流社）
＊司修『描けなかった風景』（巻末折込カラー写真／司修装幀本代表作展、河出書房新社）

【一九八二年】

▼松永真ブックデザインの『日本国憲法』（小学館）、斬新なコンセプトが反響呼び大ヒット
■栃折久美子の仕事—製本工房からのメッセージ（清水市、戸田書店清水店）
■廣瀬郁　装幀の仕事展（東京青山、オフデザイン・ギャラリー）
■亀海昌次装幀展（東京銀座、松坂屋）
●講談社出版文化賞ブックデザイン賞＝田村義也による『俳諧誌』（加藤郁乎、潮出版社）
＊日本エディタースクール編『造本の科学〈上〉—造本篇』（日本エディタースクール出版部）
＊恩地邦郎編『恩地孝四郎・装本の業』（三省堂）

【一九八三年】
▼編集者出身の田村義也による傑作『火山島』第一巻（金石範、文藝春秋）刊
■「平台／菊地信義の本」展（東京、八重洲ブックセンター）
●講談社出版文化賞ブックデザイン賞＝高岡一弥による『千年—久留幸子写真集』（毎日新聞社）

【一九八四年】
●講談社出版文化賞ブックデザイン賞＝平野甲賀による『本郷』（木下順二、講談社）
＊林達夫ほか編著『第一書房長谷川巳之吉』（日本エディタースクール出版部）
＊坂本龍一『週刊本6　本本堂未刊行図書目録』（朝日出版社）
＊安野光雅『安野光雅装幀集』（岩崎書店）

【一九八五年】
▼道吉剛、廣瀬郁、多田進らの呼びかけでブックデザイナー初の団体「日本図書設計家協会」設立。発起人四十七名
■「菊地信義の本」展—素材・図像・色彩・文字（東京京橋、ＩＮＡＸギャラリー２）。「作品の内から装いを考え、その考えを来たるべき読者の目で、読者の手の内で形にしようと心がけて来た」と内容に寄り添う姿勢を披瀝

●講談社出版文化賞ブックデザイン賞＝戸田ツトムによる『エリック・サティ』（マルク・ブルデル、リブロポート）
＊平野甲賀『平野甲賀　装幀の本』（リブロポート）
＊原弘『原弘―グラフィック・デザインの源流』（平凡社）
＊「村山知義の美術の仕事」刊行委員会編『村山知義の美術の仕事』（未来社）

【一九八六年】
▼この頃、装幀への関心、ブームに
▼原弘没
■原弘のブックデザイン展（第三五六回デザインギャラリー展、東京銀座・松屋）
■恩地孝四郎―その生涯と作品（東京、荻窪地域区民センター）
■安野光雅全仕事展（東京、八重洲ブックセンター）
■菊地信義の作品展示「本の明日へ」展（船橋、西武美術館）
●講談社出版文化賞ブックデザイン賞＝仲條正義による『アール・デコのパッケージ』（木村勝、六耀社）
＊原弘・道吉剛ほか編『現代日本のブックデザイン1975-84』（講談社）
＊寿岳文章、北園克衛ほか六十五名の装幀論を集めた『本の装釘＝用の美』（沖積社）
＊平野甲賀『平野甲賀［装丁］術・好きな本のかたち』（晶文社）
＊菊地信義『装幀＝菊地信義』（フィルムアート社）
＊菊地信義『装幀談義』（筑摩書房）
＊司修『気ままなる旅　装丁紀行』（筑摩書房）
＊別冊太陽〈日本のこころ53〉『本の美』（平凡社）

【一九八七年】
▼村上春樹自装による『ノルウェイの森（上・下）』（講談社）が大ヒット。深紅（上巻）と濃緑（下巻）

というクリスマスカラーの取り合わせは「装幀の勝利」と喧伝される
■田村義也装丁展（東京、世田谷美術館アートライブラリー）
●講談社出版文化賞ブックデザイン賞＝遠藤享による『年鑑広告美術』（東京アートディレクターズクラブ編、美術出版社）
＊田中一光『田中一光デザインの世界』（講談社）
＊栃折久美子『装丁ノート』（創和出版）

【一九八八年】
▼吉本ばななの『キッチン』（福武書店）、ベストセラー上位に。増子由美の手がけた新感覚の装幀が評判を呼ぶ
▼井上ひさしほか編『ちくま文学の森』（筑摩書房）がヒット。安野光雅の瀟洒な装幀が好評博す
▼清原悦志没
■戸田ツトム、建築家の若松久男らによる「新しい書物展―『新世紀末感覚一〇一』をめぐって」（東京京橋・INAXギャラリー2）
■廣瀬郁　装幀の仕事展（東京神楽坂、日本出版クラブ会館）
●講談社出版文化賞ブックデザイン賞＝菊地信義による『高丘親王航海記』（澁澤龍彥、文藝春秋）、「講談社文芸文庫」（講談社）ほか一連の作品
●東京ADC（アートディレクターズクラブ）賞に「原弘賞」新設。初の受賞は矢萩喜従郎の目黒区美術館『スイス現代美術家滞日九〇日展』のブック&エディトリアルデザイン
＊酒井寛『花森安治の仕事』（朝日新聞社）

【一九八九年】
▼戸田ツトム、パーソナルコンピュータによるDTP（デスク・トップ・パブリシング）の最先端の成果『森の書物』（ゲグラフ）を刊行

▼「出版デザイン印税制を語り合う会」（日本図書設計家協会主催）
■清原悦志の仕事（東京、ギンザ・グラフィック・ギャラリー）
■青山二郎の装幀展（東京国分寺・えびな書店主催、東京京橋・中央公論社画廊）
●山崎登、『日本語大辞典』（梅棹忠夫ほか監修、講談社）によって「造本装幀コンクール」三年連続文部大臣賞受賞
●講談社出版文化賞ブックデザイン賞＝細谷巌による『世界の建築 Carlo Scarpa』（A.D.A EDITA Tokyo）
＊菊地信義『菊地信義　装幀の本』（リブロポート）

一九九〇年代〈デジタル化と手法の再構築〉

【一九九〇年】

▼戸田ツトム、『都市の書物』（池澤夏樹、太田出版）と『DRUG／擬場の書物』（戸田ツトム、同）を刊行。『森の書物』（一九八八）を加えて、ＤＴＰの先端の成果を示す書物三部作をなす
▼吉岡実没
■朝日新聞社と多田進の仕事（東京、王子ペーパーギャラリー銀座）
■道吉剛ブックデザイン展（東京六本木、東京デザイナーズ・スペース）
■菊地信義の装幀の本「棚」（東京、ギンザ・グラフィック・ギャラリー）
■思潮社と芹澤泰偉の装幀（東京、王子ペーパーギャラリー銀座）
■文藝春秋と坂田政則の装幀（同右）
■本の装幀展―明治・大正・昭和の美本展（東京文京区、弥生美術館）
●講談社出版文化賞ブックデザイン賞＝中垣信夫による『花鳥風月』（今井俊満、美術出版社）

【一九九一年】
■原弘ブックデザイン展（特種製紙㈱資料館主催、東京六本木・アクシスギャラリー）
■杉浦康平の［マンダラの本］（第四四一回デザインギャラリー展、東京銀座・松屋）
■中垣信夫＋中垣デザイン事務所展（東京、ギンザ・グラフィック・ギャラリー）
■粟屋充展（東京銀座、ギャラリーロイヤルサロンギンザ）
●講談社出版文化賞ブックデザイン賞＝羽良多平吉による『一千一秒物語』（稲垣足穂、透土社）

【一九九二年】
▼書籍バーコードの導入にともない、装幀デザインとの不協和音が問題に。それを踏まえた公開パネルディスカッション「書籍カバーに表示されるバーコードは本と共存できるか」開かれる（日本図書設計家協会主催、東京芝・青年会館ホール）
■司修・ぼくのブックワークPartⅡ（東京新宿、紀伊國屋画廊）
■山本容子BOOK WORK（東京渋谷、パルコギャラリー）
■平野甲賀展［文字の力］（東京浅草橋、アトリエ・ピエール）
■本の宇宙―詩想をはこぶ容器（栃木県立美術館）
●太田徹也、『都市と建築コンペティション』全七巻（三宅理一、講談社）のブックデザインで東京ADC賞と原弘賞を受賞
●講談社出版文化賞ブックデザイン賞＝山本容子と坂川栄治による『Lの贈り物』（山本容子、集英社）
＊恩地邦郎編『恩地孝四郎装幀美術論集　装本の使命』（阿部出版）

【一九九三年】
■和田誠・装幀・挿絵・原画集（東京銀座、クリエーションギャラリーG8）
■現代日本のブックデザインの源流―第一回図書設計展（東京、乃木坂アートホール）
●講談社出版文化賞ブックデザイン賞＝亀海昌次による『三位一体の神話』上・下（大西巨人、光文社）

＊和田誠『和田誠　装幀の本』（リブロポート）
＊日本図書設計家協会編『現代日本のブックデザインVol.2』講談社

【一九九四年】

■鈴木成一ブックデザイン展（東京、王子ペーパーギャラリー銀座）
■恩地孝四郎―色と形の詩人（横浜美術館）
■竹尾ペーパーワールド'94「四六の本屋街」（出典＝浅葉克己、工藤強勝、新潮社装幀室、辻修平、平野敬子、平野甲賀、竹尾主催、東京・六本木アートフォーラム）
■道吉剛ブックデザイン展（東京青山、国連大学本部）
●講談社出版文化賞ブックデザイン賞＝鈴木成一による『共産主義者宣言』（カール・マルクス、太田出版）、『寺山修司コレクション』（河出文庫）
●新設された『ダ・ヴィンチ』誌（リクルート）「年間装丁大賞」に小島武による『短篇小説』（小林恭二、集英社）
＊平野甲賀『文字の力』（晶文社）
＊小尾俊人『本が生まれるまで』（築地書館）
＊柄澤齊『銀河の棺』（小沢書店）

【一九九五年】

■日本のブックデザイン展1946-95（東京銀座、ギンザ・グラフィック・ギャラリー）
■甦る大正の絵師―橋口五葉展（東京新宿、小田急美術館）
■建石修志展「書物の衣裳」（東京銀座、青木画廊）
●講談社出版文化賞ブックデザイン賞＝望月通陽による『サリー・ガーデン』（望月通陽、偕成社）、『仮の約束』（多田尋子、講談社）と、矢萩喜従郎による『ルネ・マグリット展』（朝日新聞社）
●『ダ・ヴィンチ』誌「年間装丁大賞」に南伸坊による『顔』（南伸坊、筑摩書房）

＊日本図書設計家協会編『ブックデザイナー97人［人と仕事］』（玄光社）

【一九九六年】

■特別展：原弘─近代グラフィック・デザインの夜明け（飯田市美術博物館）
■工藤強勝「書物の仕事」展（東京、王子ペーパーギャラリー銀座）
■多摩美術大学芸術学科秋山邦晴コース主催「本（フォルム）の記憶」展（さまざまな電子本の展示とブックデザイナー平野甲賀のレクチャー、平野と作家黒川創との対話／東京渋谷区、ブルームホール）
■菊地信義、講談社「文芸文庫」と「大衆文学館」の装幀展（東京、王子ペーパーギャラリー銀座）
■ブックスケープ6「カバーを外せ！」展（日本図書設計家協会主催、東京千代田区・岩波書店一ツ橋ビルホール）
■荒川じんぺいの装幀展（東京、王子ペーパーギャラリー銀座）
■日本出版文化史展（京都文化博物館）
●講談社出版文化賞ブックデザイン賞＝原研哉による『ポスターを盗んでください』（原研哉、新潮社）
●『ダ・ヴィンチ』誌「年間装丁大賞」に平野甲賀による『風の道　雲の旅』（椎名誠、晶文社）
＊田中一光・勝井三雄・柏木博監修『日本のブックデザイン1946-95』（大日本印刷株式会社）
＊田村義也『のの字ものがたり』（朝日新聞社）

【一九九七年】

▼常盤響装幀の『インディヴィジュアル・プロジェクション』（阿部和重、新潮社）、若い女性の刺激的な姿態の写真を使い注目され、文芸書を写真で構成するブーム起す
■美の遊民・装幀の美─青山二郎展（東京銀座、ミキモトホール）
■和田誠「時間旅行」展（東京銀座、ガーディアン・ガーデン、クリエーションギャラリーG8）
■職人の紙技・上島松男の美術製本展（東京、王子ペーパーギャラリー銀座）
■多田進「装丁の仕事」展（同右）

●講談社出版文化賞ブックデザイン賞＝祖父江慎による『杉浦茂マンガ館』全五巻（筑摩書房）
●『ダ・ヴィンチ』誌「年間装丁大賞」に長友啓典による『でく』（伊集院静、文藝春秋）
＊杉浦康平『かたち誕生—図像のコスモロジー』（日本放送出版協会）
＊和田誠『装丁物語』（白水社）
＊菊地信義『装幀＝菊地信義の本』（講談社）

【一九九八年】

■女性ブックデザイナー、ミルキィ・イソベ（ペヨトル工房）の「透きとおるページ」展（東京表参道、ナディッフ）
■間村俊一装訂展「本へ」（東京、王子ペーパーギャラリー銀座）
■松田行正＋牛若丸出版のエディトリアル・ワーク展（東京飯田橋、モリサワ・タイポグラフィ・スペース）
■現代韓国のブックデザイン展（東京神田、ショップ竹尾）
■芹澤銈介の私本・私家本・装幀本（仙台市、東北福祉大学芹澤銈介美術工芸館）
■田中一光展（富山県立近代美術館）
■勝井三雄の仕事を通じて紹介する「アート・ディレクターの仕事」（宇都宮美術館）
●講談社出版文化賞ブックデザイン賞＝鈴木一誌による「ランティエ叢書」（角川春樹事務所）と、南伸坊による『山田風太郎明治小説全集』全七巻（筑摩書房）
●『ダ・ヴィンチ』誌「年間装丁大賞」に三浦巌による『クラックアップ』（ハーモニー・コリン、ロッキング・オン）
＊松山猛編「日本の名随筆別巻87『装丁』」（作品社）
＊藤田三男『榛地和装本』（河出書房新社）
＊ピエ・ブックス編集部編『ブックデザイン　コレクション』（ピエ・ブックス）

＊日本図書設計家協会編『装丁家一〇三人の仕事』（玄光社）

【一九九九年】

▼鈴木一誌、レイアウト・フォーマットの著作権を問う裁判で訴え認められず（高裁）
■多摩美術大学図書館所蔵「瀧口修造文庫」、「北園克衛文庫」の一般公開展（東京世田谷区、同図書館）
■南伸坊の装幀本や挿絵を集めた「伸坊展」（東京新宿・紀伊國屋画廊）
■堀内誠一の仕事展（東京、ギンザ・グラフィック・ギャラリー）
■矢萩喜従郎展（東京、ギンザ・グラフィック・ギャラリー）
■松本竣介、村上善男など岩手県ゆかりの美術家が携わった装幀や挿絵を集めた「本の装い」展（盛岡市・岩手県立博物館）
■渡辺富士雄＋杉浦康平とそのスタッフ［多眼的宇宙］（第五五四回デザインギャラリー展、東京・銀座松屋）
■柳瀬正夢「反骨の精神と時代を見つめる眼」展（東京、三鷹市美術ギャラリー）
■「ダ・ヴィンチ」装丁・腰巻き大賞展（東京銀座、ガーディアン・ガーデン）
●講談社出版文化賞ブックデザイン賞＝葛西薫による『彼が泣いた夜』（内田春菊、角川書店）
●『ダ・ヴィンチ』誌「年間装丁大賞」に高橋千裕（新潮社装幀室）による『マチスについての手紙』（遠山一行、新潮社）
＊戸田ツトム『D-ZONE/TZTOM TODA—エディトリアルデザイン1975-1999』（青土社）
＊工藤強勝監修『編集デザインの教科書』（日経ＢＰ社）
＊矢萩喜従郎『PASSAGE パサージュ』（朝日新聞社）
＊日本図書設計家協会編『装丁家一〇九人の仕事』（玄光社）
＊臼田捷治『装幀時代』（晶文社）

あとがき

本書は私がこれまで雑誌等に発表してきた装幀（ブックデザイン）およびエディトリアルデザインにかかわる文章を収めたものである。最後の一編「装幀におけるミニマリズムの系譜」のみ書き下ろしで加えた。

それぞれが独立した内容の文章である。そのため一部重複する箇所もあるが、どの文から読んでもらってもかまわない構成になっている。ただし、筆者としては、戦後装幀史を素描した巻頭の「装幀の愉悦」にまず目を通していただいてから、「各論」に入っていただければありがたいと思う。なお、装幀とブックデザインはしばしば混乱して用いられていることがある。本書中でも触れているように、表紙などの外回りだけをデザインしているものを「装幀」、内の本文組の設計から外回りまで、本全体にわたるデザインを「ブックデザイン」として、原則としてふたつを区別して扱っていることをお断りしておきたい。

なお、収めた文章には「インタビュー・構成」に基づく二編「杉浦康平——デザインにアジアを注ぎ、宇宙を宿す」と「戸田ツトムのエディトリアルデザイン」が含まれている。当のデザイナーのご発言がかなり大きな比重を占めているが、ブックデザインとエディトリアルデザインの両面にわたって、新生面を切り開いて大きな影響を与えてきた杉浦氏と戸田氏である。ぜひ転載の許可をと、両氏に協力をお願いしたところ快諾をいただいたことに、重ねて感謝申し上げたい。

近年、装幀への関心が高まってきていることは喜ばしいことだと思う。公立の美術館でも、書物がそなえる美術性をテーマとした展覧会がいくつか開かれるようになった。ただし、それはもっぱら美術家サイドの手になる作品が大半であり、戦後から半世紀以上にわたって、グラフィックデザイナーが営々と積み重ねてきた成果に対しては、いまだに目配りが行き届いているとはいえないのではないだろうか。実際、戦後の扱いでは、美術家や版画家が詩人とか作家等と組んで制作した限定本であるアーティスト・ブックのみにとどまっているケースが多い。一部の熱心なファンか限られた好事家しか手に入れることのできない高価な詩画集であったり書画集であったりする。デザイン面に優れ、一般人でもたやすく入手できる市販本のブックデザインへのきちんとした評価はまだ不十分だといってよい。ただし、大日本印刷がメセナ活動の一環として運営している東京銀座のギンザ・グラフィック・ギャラリーの先駆となるいくつかの取り組みを例外としてであるが……。

戦後の出版デザインの主要な担い手であるグラフィックデザイナーの仕事に対するこうした評価の遅れが、もしデザインへのいわれない偏見に基づくものであったとすれば、まことに不幸な事態としかいいようがない。一例をあげると、ある高名な美術評論家が些少な事例を取り上げてグラフィックデザイナーへの大層な批判に及んでいる。それを引用しつつ、論壇の老大家が「デザイナー文盲論」をことごとしく叫ぶ……。たしかに稀には目に余る「冒険」があったにしろ、それを針小棒大にことあげして「文盲」呼ばわりすることはあまりに乱暴にすぎるといえよう。こうした筋違いな言説がごく一部の限られた識者間のものであることを祈るばかりである。

グラフィックデザイナーが注いできた創意と工夫の数々は、本書を読んでもらえば明らかだろう。書物とかかわってきたデザイナーにはほんとうに本が好きだという人が多いことも、取材を通じて筆者が再三にわたって確認してきたことである。また、書物がそなえる構造性と物質性への理解が、グラフィックデザイナーの進出によって初めて本格的に定着したことは、本書中で折りに触れて指摘したつもりでいる。戦後のブックデザインの歩みは、もちろん少数ながら画家や版画家、詩人などの活躍があったとはいえ、グラフィックデザイナーの存在を抜きにして語れないことを改めて強調したいと思う。本書が、グラフィックデザイナーを核として、それに他のジャンルのアーティストが加わって織りなされた、戦後のブックデザインの多彩かつ多様な展開の証言であり、報告であり、かつ記録として、広く資することができれば幸いである。

さて、私が本書の企画を画家・装幀家の石澤康之さんからいただいたのは、二〇〇〇年の初めのことであった。その前年、先著『装幀時代』を出した直後の晩秋に私は、左上腕部にできていた腫瘍が摘出手術の結果、悪性のものであることがわかり、年末に再度の手術を受けるなど、文字通りの地獄を味わった。こうして不安におののいていた渦中のお話であっただけに、願ってもないこととしてとても勇気づけられたのだった。前途に光明を見出す思いであった。そのおかげもあって、続く放射線治療も無事終えることができたし、なお月一回の通院検査を余儀なくされている身ではあるものの、幸い大事ないまま推移して現在に至っている。

美学出版の黒田結花さん、右澤さんのご尽力によってこうして刊行の運びとなったことに、心から感謝の念を捧げたい。九〇年代に金沢市でインターナショナルな総合芸術誌『アプロ Apro』を刊行し、その後、東京において出版デザインに実績を重ねておられる右澤さん（現代美術家としても長く活躍中である）には、すてきなブックデザインもしていただいた。また、校閲を丹念におこなっていただいた黒田さん、ＤＴＰによる組版を粘り強く進めていただいた中野多恵子さん（斬新な人形作家としても活躍されている）、そして、掲載作品を撮影していただいた写真家、宍倉哲夫さん、中川道夫さんのご協力にも御礼申し上げたい。

あわせて、収められている文章の取材・執筆の機会を与えていただいた各出版社の編集者、各関係機関のみなさんに深く謝意を表したい。とくに、いちばん多くの発表の場を提供いただいた『デザインの現場』（美術出版社）の初代編集長、田中為芳さんと、続く歴代の編集長、編集スタッフの方々に深謝したい。なかんずく初めて手を差しのべてくださった出村弘一さんの助力は忘れることができない。

最後になったが、右澤さんを紹介してくださったのが書家の山本廣さん（鯖江市在住）。山本さんは私がもっとも尊敬する現代書革新の担い手である。一九九五年一月、福井県立美術館で行われた山本さんの個展会場でのことであった。思いがけない出会いをつくっていただいたことにこの場を借りて礼を述べたい。

臼田捷治

西暦二〇〇三年二月吉日

[写真提供]

ギンザ・グラフィック・ギャラリー——48下　97　102
ウナックトウキョウ——130　196　203
杉浦康平プラスアイズ——61
太田徹也デザイン室——118

[写真撮影]

宍倉哲夫——15上　17上　53　57　69　83下　106上　111　125　138
143　151　158　168　173　219　225　229　234下
中川道夫——14　15下　17下　21　26　27　31　38　48上　76　83上
91　106下　183　209　213　234上

（数字は掲載ページ数）

臼田捷治（うすだ・しょうじ）

1943年、長野県生まれ。早稲田大学第一文学部美術専修卒業後、編集の仕事に従事、『デザイン』誌（美術出版社）の編集長などをつとめる。現在はタイポグラフィと書を中心とした文字文化、装幀などのグラフィックデザインのジャンルにおいて執筆活動を中心に活躍している。著書に『装幀時代』（晶文社）、編集協力に『日本のブックデザイン1946-95』（大日本印刷）、『日本のタイポグラフィック・デザイン1925―95』（トランス・アート）などがある。

現代装幀　　美学叢書 02

2003年3月1日　初版第1刷発行

著　者――臼田捷治
発行所――美学出版
〒112-0003 東京都文京区春日2-14-10 エイセンビル601
Tel 03(5802)6958　Fax 03(5802)6976
装　丁――右澤康之
DTP――A&Dスタジオ
印　刷――モリモト印刷株式会社

ISBN 4-902078-01-5　C0372